CEREAL
Travel & Lifestyle

시리얼

Cereal Volume 3
Copyright © Cereal Ltd. UK
All rights reserved.

Korean translation rights © 2015 by Sigongsa Co., Ltd.
Korean translation edition is published by arrangement with Cereal Ltd. through Amo Agency Korea.

이 책의 한국어판 저작권은 아모 에이전시를 통해 Cereal Ltd.와 독점 계약한 ㈜시공사에 있습니다.
저작권법에 의해 한국 내에서 보호를 받는 저작물이므로 무단전재와 무단복제를 금합니다.

CONTENTS

1. 샌터 바버라 *Santa Barbara*

006   샌터 바버라 해변
       아열대 태양과 모래

014   파머스 마켓
       눈부시도록 풍성한 수확

2. 식용꽃과 곤충 *Edible flowers&insects*

020   꽃에 반하다
       식탁에 풍성함을 선물하는 꽃

028   장미를 향한 열정
       인간의 마음을 사로잡은 꽃 그리고 그 문화학적 연구

034   꽃의 현재성
       순간을 음미하다

038   해체의 미학
       포토 에세이

044   식충성
       곤충을 먹다

054   혐오감의 심리학
       곤충 소비를 가로막는 마음의 장벽 뛰어넘기

058   곤충 요리학
       맛과 향 그리고 식감을 탐구하다

068   곤충 식용화의 힘
       미래의 단백질 공급원이 되다

I. 인터루드 *Interlude*

074   알밤
       현대적 감성의 남성복

080   머티큘러스 잉크
       현대적인 활판 인쇄, 그만의 감성

3. 코즈웨이 코스트 *Causeway Coast*

088   노스 앤트림 코스트
       거인이 만든 길을 따라 걷다

098   데리 / 런던데리
       영국 문화 도시가 지닌 다양한 얼굴

4. 레이캬비크 *Reykjavk*

106   하르파
       시티센터에 유리로 지은 대작

114   철로 빚어내나
       레이캬비크의 골함석집

118   아이슬란드의 말
       아이슬란딕

122   오로라 보리애리스
       북극광

124   아이슬란드어
       정체성을 묻다

128   탈출
       도시를 벗어나 가슴 벅찬 풍경을 마주하다

| 1 | 샌터 바버라 Santa Barbara | U.S.A. |

STATE *California*	✈ **LAX** *Los Angeles Int.*	✈ **SBA** *Santa Barbara*
LANGUAGE *English*	USD | $	POP. *90k*
TOURIST INFO *santabarbaraca.com*	📞 +1 *(Int)*	805 *(Area)*

샌터 바버라 해변
BEACH OF SANTA BARBARA

아열대 태양과 모래

글 엘리자베스 슈비처 *Elizabeth Schuyzer* 사진 아나이스 *Anais* & 닥스 *Dax*

> 버터플라이 비치Butterfly Beach는 야자수가 줄지어 늘어선 산책로를 따라 펼쳐져 있다. 중간중간 마련된 짧은 계단을 내려가면 바로 해변에 닿는다. 사람들은 완만한 경사를 이룬 모래밭을 한가로이 거닐고, 아이들은 파도 속에서 첨벙대며 즐겁게 논다.

아메리카 인디언 추마시Chumash 부족에게 캘리포니아 샌터 바버라 해변은 천혜의 자원을 넉넉하게 품은 보고였다. 전복, 대합, 홍합은 먹을거리가 됐고, 그 조가비는 도구와 장식품으로 활용됐다. 해저에 매장된 풍부한 천연 타르는 카누에 바를 완벽한 방수제로 쓰였다. 16세기, 낯설고 아름다운 신대륙에 다다른 스페인 탐험가들의 눈에 가장 먼저 들어온 것은 이 곳의 바위투성이 해안 절벽이었다(그들은 200년이 흐른 뒤에야 이곳에 식민지를 건설했다).

기다란 모래밭이 펼쳐진 샌터 바버라 해변은 이곳을 찾는 모두에게 공원이 된다. 30km가 넘는 구불구불한 해안선과 얕은 바다에 장식된 바위들이 빼어난 경치를 이뤄, 여행객들은 물론이고 이 지역 사람들의 발길이 끊이지 않는다. 두말할 나위 없이 아름다운 이곳은 끊임없이 사람들을 한자리에 모으는 쉼터 역할을 한다. 샌터 바버라 해변은 사람들을 손짓해 부르고, 다시 찾게 하고, 오래 머물게 한다.

북위 34.4°에 위치한 샌터 바버라는 지중해성 기후라 연중 어느 때라도 쾌적하게 지낼 수 있는 곳이다. 수은주가 21℃ 주변에 머무는 기온이라 바닷가에서 하루를 보내기에 더없이 이상적이다.

커다란 펠리컨 무리가 수면에 스치듯 낮게 활공하다가 날쌔게 위로 솟구쳐 오른다. 곤두박질치듯 다이빙해서 물고기를 사냥하기 위해서다. 돌고래 떼는 파도 위로 뛰어 오르고, 해수욕을 즐기던 사람들은 그 모습을 보며 탄성을 터트린다. 바다를 주의 깊게 보면, 까닥대며 반짝이는 바다표범 머리를 발견할 수 있다. 또한 겨울에는 남쪽으로 그리고 봄에는 북쪽으로, 회색 고래가 무리 지어 이동하는 장관이 펼쳐지기도 한다.

하얗게 부서지는 파도 너머로 모습을 드러내는 채널 제도Channel islands는 수평선 위에 둥둥 떠 있는 듯 보인다. 해안에서 30km 조금 넘게 떨어진 이곳은 따로 시간을 내서 꼭 가볼 만한 곳으로, 국립해양보호구역으로 지정돼있다. 채널 제도의 섬들은 샌터 바버라 해변에서 바라보는 일몰의 순간을 더할 수 없이 아름답게 연출해주며 거센 파도를 순하게 잠재운다.

해변에서 하루를 보내기로 했다면 수많은 선택지 중에서 어디로 갈지 고르는 재미를 빼놓을 수 없다. 샌터 바버라에서는 현지인의 조언에 귀를 기울이는 것도 도움이 된다. 이 지역 사람들 사이에서 '헨드리스 비치Hendry's Beach'라고 불리는 아로요 부로Arroyo Burro는 가족이 함께 즐기기에 안성맞춤인 곳이다. 이곳에는 널찍한 주차시설이 있으며 간식을 파는 매점과 보트하우스Boathouse라는 이름의 고급 식당도 있다. 보트하우스는 빼어난 전망을 자랑하는 곳으로 인기가 높다. 중앙 계단을 내려가서 오른쪽으로 향하면 탁 트인 경치를 즐기면서 긴 산책을

▶▶▶

◀◀◀

즐길 수 있다. 오랜 시간 걸을 계획이라면 조위도tidal chart를 미리 확인하는 것이 좋다. 순식간에 올라오는 밀물 때문에 여유롭던 산책을 허둥대며 끝내게 될지도 모르기 때문이다. 그러나 발이 젖는 것쯤은 괜찮다면 걱정할 만한 위험한 일은 없다.

아로요 부로에서 1.6km 정도 이동한 뒤 가파른 계단을 내려가면 메사 레인Mesa Lane이 우리를 맞는다. 거리에 줄지어 주차한 자동차들과 웨트수트wetsuit를 입은 남자 아이들이 머리에 서핑보드를 인 채 맨발로 길 한복판을 한가로이 걷는 모습이 보인다면 메사 레인에 가까워졌다는 신호다. 한적한 해변을 원한다면 메사 레인만큼 좋은 곳은 없다. 다만 모래사장의 길이가 비교적 짧고 편의시설이 없다는 점을 염두에 둬야 한다.

해안선을 따라서 조금 더 가면 절벽 아래에 버터플라이 비치Butterfly Beach가 있다. 이곳은 바다를 그리며 무작정 이 지역을 찾은 사람들의 발길을 멈추게 하는 해변이다. 버터플라이 비치는 야자수가 줄지어 늘어선 산책로를 따라 펼쳐져있다. 중간 중간에 있는 짧은 계단을 내려가면 바로 해변에 닿는다. 사람들은 완만한 모래밭을 한가로이 거닐고 아이들은 파도 속에서 첨벙대며 즐겁게 논다. 썰물 때 동쪽으로 가면 바닷가에 고급 주택이 늘어선 미라마 비치Miramar Beach까지 걸어서 갈 수 있다.

아침 하늘이 구름으로 뒤덮여있지만 오늘 하루를 해변에서 보내기로 마음먹었다. 나는 스코틀랜드에서 온 손님과 함께 바다로 향했다. 마침 썰물 때라 첫 방문지로 아로요 부로를 선택했다. 아로요 부로에는 이 지역에서 가장 즐기기 좋은 조수 웅덩이가 여럿 있다. 우리는 신발을 벗어 바위틈에 끼워 넣고는 모래밭을 가로질러 물가로 걸었다. 발끝이 물에 닿는 순간, 온몸에 퍼지는 기분 좋은 차가운 기운에 짜릿함을 느끼면서 헉하고 숨을 쉬었다. 바다와 모래밭의 일렁이는 경계선을 디디면서 서쪽으로 향했다. 가벼운 대화가 오가는 동안에도 시선은 아스라이 보이는 수평선에 머물렀다. 우리는 깨진 유리 조각이 자갈처럼 된 시글래스를 들여다보거나 밀려오는 파도를 구경하느라 이따금 걸음을 멈추기도 했다.

다음 모퉁이를 돌자 조수 웅덩이들이 시야에 들어왔다. 기다란 바위들이 물 위로 빼죽 솟아있었다. 우리는 웅덩이 속을 들여다보려고 바지를 걷어 올리고서 그 앞으로 다가갔다. 얕은 물속에서 밝은 초록색을 띤 거머리말Sea grass이 적갈색 켈프kelp와 뒤엉킨 채 인어 머리칼처럼 하늘거렸다. 우리는 쭈그리고 앉아서 바위 아래쪽 경계에 있는 말미잘을 자세히 살펴봤다. 푸르스름한 촉수가 데이지 꽃잎같이 생겼다. 친구에게 손가락으로 살짝 건드리기만 해도 촉수가 얼마나 바짝 오므라드는지 보여줬다. 소라게 한 마리가 옆에 보이는 또 다른 웅덩이 바닥을 바삐 기어갔다. 우리는 조금 더 걸음을 옮기다가 바위 틈 깊숙이 몸을 숨긴 주황색 불가사리 한 마리를 발견했다. 잔뜩 신이 난 우리는 근처에서 놀던 남자 아이 두 명을 소리쳐 불러, 바위 위에 함께 쭈그리고 앉아 아주 작은 수중 세계를 관찰했다.

고개를 들자 구름을 뚫고 나온 태양이 보였다. 우리를 에워싼 물웅덩이마다 수면이 반짝반짝하게 일렁이고 모래 저편에는 얼룩덜룩 초록으로 덮인 회백색 절벽이 솟아있었다. 포근한 자연을 이룬 절벽이 우리를 야생이 지닌 아름다움 안에 머물게 했다. 갈매기 울음소리에 귀를 기울이며 살갗에 스미듯 닿는 햇살을 느끼고, 머리카락이 흩날리도록 부는 바닷바람을 맞으며 한가로이 모래밭을 걷노라면, 이곳에서 얼마 떨어지지 않은 도심도 머나먼 세상처럼 느껴진다. ■

파머스 마켓
FARMERS' MARKET

눈부시도록 풍성한 수확

글 엘리자베스 슈비처 *Elizabeth Schwyzer* 사진 릭 푼 *Rick Poon*

꼬투리째 먹는 완두콩, 황금빛이 도는 비트, 아삭한 오이, 달콤한 귤. 그 이름만으로도 입안에 침이 고인다. 우리는 걸음을 옮기며 늘어선 가판대 앞에 적힌 이 단어들을 큰 소리로 읽는다. 이름 하나하나가 혀끝에서 또르르 맴돈다. 우리는 둥그런 아티초크artichoke와 검은빛이 도는 아보카도 더미를 보면서 감탄하고, 걸음을 멈춰 가비오타Gaviota산 딸기와 아삭한 후지Fuji산 사과 한 조각을 맛본다.

4월 말경이지만 위스콘신Wisconsin 주 매디슨Madison에는 아직도 눈이 쌓여있다. 몬태나Montana 주 미줄라Missoula 농산물 직거래 장터도 몇 주 뒤에나 문을 열 것이다. 그러나 온화한 샌터 바버라에서는 언제나 신선한 농산물을 구할 수 있다. 매주 화요일 저녁이면 시내 쇼핑가는 차량 통행을 금지해놓고 활기찬 시장으로 탈바꿈한다. 농부들은 이곳의 기름진 땅에서 얻은 선물을 가판대에 한가득 쌓아놓고서 손님을 기다린다.

1983년에 설립된 샌터 바버라 파머스 마켓 협회에는 백여 개 농가와 소규모 기업농이 회원으로 있다. 이곳은 감귤류와 와인으로 유명하지만 입이 딱 벌어질 정도로 다양한 종류의 농산물이 일 년 내내 생산된다. 시장이 열리는 날이면 쇼핑객과 길거리 공연가들이 몰려든다. 샌터 바버라 파머스 마켓은 풍성한 농산물 덕분에 유명해졌지만, 단순히 먹을거리 시장에 그치지 않고 지역 행사장 역할을 톡톡히 하고 있다.

나는 오늘 저녁 한가로이 시장을 구경하면서 저녁 식탁에 올릴 재료를 구입하려고 친구와 함께 이곳에 왔다. 우리는 주차한 뒤 스테이트 스트리트State Street를 지나서, 사람들로 바글대는 차량 통행 금지 구역 안으로 들어선다. 가판대 몇 개를 지나자 턱수염을 기른 젊은 남자가 손님과 이야기를 나누는 모습이 보인다. 남자는 가판대에 놓인 잘 익은 대추야자의 향과 식감을 열심히 설명한다. 우리는 한 팔로 어린아이를 안은 여자에게 길을 내주려고 서로에게 바짝 몸을 붙인다. 여자는 반대쪽 어깨에 오렌지가 가득 담긴 커다란 봉지를 멨다.

가판대에는 과일, 꽃, 채소가 대부분이지만 저온 압착 올리브유, 신선한 후무스hoummus, 휘트그래스wheatgrass 주스, 장인 정신이 담긴 빵과 치즈 등 조리된 식품도 있다. 한 치즈 장수가 맛을 보라고 한 조각 권한다. 오늘 우리의 입맛을 사로잡은 것은 페퍼 잭 염소 치즈pepper jack goat cheese다. 집에 돌아가 와인과 함께 먹으려고 치즈 한 조각을 산다.

파머스 마켓에 진열된 것들이 우리의 눈을 즐겁게 한다. 바구니에는 즙을 한껏 품은 블랙베리와 블루베리가 있고, 잎 가장자리가 물결치는 케일과 탐스러운 양배추 더미 사이에는 주황색 당근이 수북하다. 슬슬 배가 고파진다. 코와 눈을 자극하는 파머스 마켓은 소박하고 건강한 식탁을 꿈꾸게 한다.

우리는 마지막 블록에 다가서서 싱싱한 근대를 파는 곳으로 간다. 농부와 이야기를 나누면서 근대 서너 묶음을 집는다. 그리고 노란 양파 한 알과 감자 서너 알 그리고 샐러드 믹스 한 봉지를 산다. 이제 저녁 식탁의 그림이 대강 그려진다. 염소 치즈를 얹은 토르티아 에스파뇰라tortilla española, 아보카도를 섞은 채소샐러드, 마늘을 넣어 기름에 재빨리 볶은 근대.

마지막으로 딸기 한 팩을 사는 것으로 저녁 장보기를 마무리한다. 시장이 끝나는 곳에서 잠시 걸음을 멈추고, 클래식 기타 연주를 들으면서 주위를 둘러본다. 시상 거리에는 즐거운 이야기 소리가 끊일 줄을 모른다. 한 꼬마가 사람들 틈을 비집고 달리다 하나 남았던 시식용 귤을 잽싸게 집는다. ■

232 Anacapa Street, #1A Santa Barbara, CA 93101, USA
SBFARMERSMARKET.ORG

| 2 | 식용꽃과 곤충 *Edible flowers & insects* |

꽃에 반하다
FLORAL FANCY

식탁에 풍성함을 선물하는 꽃

글 게이티 솔터 *Katy Salter* 사진 라인 클라인 *Line Klein*

> "제임스 2세의 수석 원예사는 평범한 샐러드에도 서른 다섯 가지 이상의 재료가 들어가야 한다고 생각했다." 봄과 여름에는 다양한 꽃이 샐러드 접시를 채웠다.

여러분은 꽃을 얼마나 자주 먹는가? 대답은 아마도 "거의 안 먹는다."일 것이다. 여러분은 '식용꽃'이라고 하면 웨딩 케이크를 장식하는 설탕 절임 꽃잎이나 고급 레스토랑에서 내놓는 샐러드에 살포시 얹힌 한련Nasturtium 같은 것들만 떠올릴 것이다. 그러나 《옥스퍼드 음식 안내서The Oxford Companion to Food》는 콜리플라워, 브로콜리 그리고 아티초크를 '덜 자란 꽃잎'이라고 정의한다. 또한 적갈색 실 가닥처럼 생긴 케이퍼는 카파리스 스피노자Capparis spinosa의 꽃봉오리다. 그리고 영국 콘월 지방에서 즐겨 먹는 빵인 사프란 번Saffron bun에서부터 인도의 비리야니Biryani에 이르기까지 수많은 음식에 들어가는 사프란은 크로커스 사티버스Crocus sativus 꽃의 암술이다. 사실 꽃은 고대부터 요리에 널리 사용돼왔다. 인류가 언제부터 꽃을 먹었는지 답할 수 있는 사람은 없다. 기록에 의하면 고대 이집트인들은 금잔화를 즐겨 먹었다. 제카 맥비카Jekka McVicar가 쓴 《꽃으로 요리하기Cooking with Flowers》에 따르면 "그리스인과 로마인들 역시 금잔화를 가난한 자를 위한 고급향신료라고 여기면서 요리에 풍미를 더하는 재료로 사용했다."라고 한다. 중국인은 수백 년 동안 원추리day lily 꽃잎과 꽃봉오리를 향긋한 요리의 주재료로 사용했다. 또 중국에서는 서기 200년 무렵, 국화로 술을 빚었고 궁중 연회가 열릴 때면 국화를 넣어 떡을 만들었다. 꽃은 페르시아에서도 식재료로 쓰였으며 훗날 유럽인의 그릇에도 담겼다.

영국은 다양한 꽃을 식재료로 진지하게 받아들였다. 핌스Pimms를 담아내는 피처 장식용으로 잘 알려진 파란 꽃 보리지Borage는 고대 로마인의 손을 거쳐서 영국에 들어왔는데, 훗날 시럽과 사탕을 만들 때도 향미료로 널리 사용됐다. 메도스위트Meadowsweet는 중세에 식용으로 사용됐는데, 제프리 초서Geoffrey Chaucer의 《기사 이야기The Knight's Tale》에 음료 재료로 등장하기도 한다. 꽃은 튜더 왕조 시대에 부엌에서 흔히 볼 수 있는 식재료가 됐고 16세기와 17세기에는 사용하는 식용꽃의 수와 그 요리의 수가 절정에 이르렀다. 셰프들은 카우슬립Cowslip과 제비꽃으로 식초를 만들었고, 꽃을 넣어 코디얼cordial과 와인을 담갔으며, 라벤더Lavender나 버그로스Bugloss로 시럽도 만들었다. 모든 식료품 저장실에는 로즈워터Rosewater가 여러 병 비축돼있었다. 단 음식을 좋아하던 튜더 왕족과 스튜어트 왕족은 설탕을 입힌 꽃을 사랑했다. 캐시 브라운Kathy Brown의 《식용꽃Edible Flowers》에는 "그들은 스페인풍에 따라 쐐기 모양으로 잘라 설탕에 졸인 금잔화를 비롯해 설탕을 첨가한 카우슬립 페이스트 등으로 손님을 맞았다."라는 대목도 있다.

▶▶▶

◂◂◂

꽃 샐러드는 17세기에 큰 인기를 누렸다. 브라운에 의하면 "제임스 2세의 수석 원예사는 평범한 샐러드에도 서른 다섯 가지 이상의 재료가 들어가야 한다고 생각했다."라고 한다. 스튜어트 왕조 시대에는 봄과 여름에 금잔화, 보리지, 제비꽃, 앵초, 한련 등 다양한 꽃이 샐러드 접시를 채웠고, 겨울에 설탕 혹은 식초와 소금물에 절여 뒀던 꽃으로 샐러드를 만들었다. 또한 일부 연회상에는 성城과 나무 모양으로 깎아서 꽃으로 장식한 순무가 오르기도 했다.

빅토리아 여왕 시대에도 설탕에 절인 제비꽃과 카우슬립 술이 계속 사랑받기는 했지만, 식용꽃은 19세기 후반에 접어들면서 인기를 잃었다. 브라운은 "1861년 출간된 비튼Beeton의 《가정관리서Household Management》에는 꽃 피클 조리법이 없다. 다양한 과일 설탕절임법을 소개하면서도 꽃을 오랫동안 보관하는 방법이나 설탕에 절이는 과정은 전혀 다루지 않았다."라고 하며 이는 꽃이 식탁에서 사라지고 있었음을 증명한 것이라고 주장했다. 그러나 《가정관리서》에는 딱총나무꽃Elderflower으로 술을 빚는 법이 담겨있다. 딱총나무꽃은 전 세계적으로 사랑받고 있다. 브라운은 "딱총나무꽃은 유럽과 서아시아, 북미에서도 식용으로 사용된다."라고 말한다. 딱총나무꽃 튀김을 처음 만든 것은 북미 인디언이라고 주장하는 사람들도 있지만 브라운은 저서에서 "딱총나무꽃이 사용되기 시작한 것은 유럽 중세로 거슬러 올라간다."라고 주장했다.

꽃은 손쉽게 구할 수 있는 제철 재료에 관심을 가지면서, 몇 년 전부터 다시 먹을거리로 등장했다. 최근의 요리책들은 한결같이 식용꽃 조리법을 다룬다. 브리스톨Bristol에 자리 잡은 식당, 디 에티커린The Ethicurean은 요리에 보리지나 한련을 고명으로 얹는 것으로, 런던에 위치한 솔트 야드Salt Yard는 염소 치즈로 속을 만들어 꿀을 뿌린 호박꽃 요리로 유명하다. 가정에서도 꽃으로 식탁을 풍성하게 만들 수 있다. 알리스 파울러Alys Fowler는 《먹을 수 있는 정원The Edible Garden》에서 "샐러드를 만들거나 수프 위에 띄운 꽃은 더할 수 없이 멋지다."라고 말한다. 고수, 골파Chive, 박하, 딜Dill를 비롯해 허브꽃 대부분은 먹을 수 있다. 허브꽃은 잎이나 줄기보다 은은함을 더한다. 제카 맥비카는 은은한 양파 향을 풍기는 골파가 브래드 소스bread sauce의 맛을 더 깊게 한다고 말한다. 향기로운 꽃은 버터나 잼을 만들 때 훌륭한 재료가 되고 설탕에 절인 꽃은 집에서 만든 케이크 위에서도 빛을 발한다.

꽃으로 요리를 할 때에는 몇 가지 기본 원칙을 따르는 것이 좋다. 책과 같은 믿을 만한 자료를 통해서 식용이 가능한지 확인한다. 화학 처리가 된 꽃은 사용하지 않는다. 영양가 높은 유기농 꽃을 구하는 가장 좋은 방법은 직접 씨를 뿌려 식용꽃을 키우는 것이다. 이 세 가지 원칙만 지킨다면 앞서간 셰프들의 발자국을 따라갈 수 있다. ■

장미를 향한 열정
A PASSION FOR THE ROSE

인간의 마음을 사로잡은 꽃 그리고 그 문화학적 연구

글 린다 톰프슨 *Linda Thompson*　사진 조너선 그렉슨 *Jonathan Gregson*

> 장미가 꺾이면, 그 매력을 덧없이 잃지만 꽃이 머금은 머스크 향만큼은 재빨리 잡아둬야 한다. '무르익은' 장미가 최고다. 향이 달콤할수록 그윽한 풍미를 얻을 수 있다.

나는 로즈힙Rosa canina 열매를 다른 좋은 재료들과 섞어서 최상의 천연 허브티를 만드는 곳을 알고 있다. 그곳에서 블렌딩을 지켜보고 있으면 장미가 부엌에서 얼마나 다양한 용도로 사용되는지 생각하게 된다.

야생 장미는 약 3천 5백만 년 전부터 지구의 북반구에서 자랐다. 오늘날 세계 곳곳에서 꽃을 피우는 수천의 잡종과 개량종은 20여 종의 장미를 모태로 한다. 로사 갈리카Rosa gallica, 로사 다마세나Rosa damascena, 로사 에글란티네Rosa eglantine, 로사 모샤타Rosa moschata 등 저마다 감미로운 이름을 지니고 있다. 열기가 채 가시지 않은 여름 밤, 정원에 만발한 장미의 황홀한 향기는 우리를 취하게 한다.

고대 그리스인은 장미를 사랑과 아름다움 그리고 행복의 상징으로 여겼다. 고대 로마인은 장미를 이야기할 때면 사랑의 여신 비너스를 떠올렸으며 포도주에 장미 꽃잎을 띄워서 마시고는 했다. 힌두교 전설에 의하면 신 브라마Brahma는 커다란 장미 꽃잎 108개와 작은 장미 꽃잎 1,008개로 비슈누Vishnu의 아내 락슈미Lakshmi를 만들었다. 장미에 얽힌 가장 낭만적인 이야기는 아랍의 전설일 것 같다. 장미 꽃잎은 본래 하얀색이었는데, 나이팅게일 한 마리가 장미를 사랑하게 된 나머지 너무 가까이 다가가 가시에 심장을 찔려 피를 흘리면서 죽었고, 그 피가 꽃잎을 붉게 물들였다는 이야기다.

그 아름다운 생김새와 향기로 사람의 마음을 사로잡은 장미는 고대 페르시아, 바빌론, 이집트, 중국에서 2,000여 년 전부터 재배됐고 통상로 개발과 영토 확장에 의해 널리 전파됐다. 고대 로마인은 가능한 모든 장소에 장미를 심어 온 나라에 꽃을 피웠다. 로마시대 학자인 플리니 디 엘더Pliny the Elder는 1세기에 장미를 약으로 쓸 수 있는 서른두 가지 방법을 기록했고, 10세기 페르시아 의사였던 아비센나Avicenna는 치료제에 장미 오일을 사용했다. 장미는 향수와 화장품 원료로도 높은 가치를 지녔다.

인류는 장미를 증류해서 정유를 추출하는 방법으로 그 에센스를 얻기 시작했다. '향유'라고 부르는 것이 더 익숙한 장미수Rosewater는 정유를 추출하는 과정에서 생기는 부산물로, 3~4세기경 메소포타미아에서 가장 먼저 만들었다고 전해진다. 대량 생산은 10세기 페르시아에서 시작한 것으로 추측되는데, 작업 과정이 정교해지면서 먹을 수 있는 장미수가 등장했다. 장미는 마침내 부엌에서도 가치를 인정받게 됐다. 장미가 꺾이면, 그 매력을 덧없이 잃지만

▶▶▶

◀◀◀
꽃이 미금은 머스크 향만큼은 재빨리 잡아둬야 한다. '무르익은' 장미가 최고다. 향이 달콤할수록 그 윽한 풍미를 얻을 수 있다. 장미의 향을 오래도록 간직하는 방법으로는 증류 외에도 건조와 설탕 절 임이 있고 꽃잎으로 시럽이나 잼 혹은 젤리를 만들 수도 있다. 이렇게 보존된 장미의 달콤함은 감귤, 초콜릿 그리고 쓴맛 나는 향신료와 완벽한 궁합을 이룬다.

페르시아인은 장미 꽃잎으로 향긋한 잼을 만들거나 건조해서 사탕이나 과자의 원료로 사용했고, 아드비아Advieh라는 향신료의 재료로 쓰기도 했다. 이집트인은 장미수로 향을 낸 셔벗에 열광하고, 모로코인은 말린 장미 꽃봉오리를 다른 향신료와 섞어서 라스 엘-하누트Ras el-hanout라는 새로운 향신료를 탄생시켜, 전통 요리인 타진Tagine을 맛깔스럽게 요리한다. 터키인은 장미수로 로쿰Lokum이라고 하는 터키식 디저트에 향을 더하고, 그리스인은 할바Halva라는 향수에 장미수를 첨가한다. 인도인은 굴칸드Gulkand라고 하는, 입 안을 상쾌하게 해주는 장미 꽃잎 프리저브Preserve를 만들고 장미수를 섞은 시원한 음료 라시Lassi를 만든다. 중국인은 로사 셈퍼플로렌스Rosa semperflorens(중국식 붉은 장미)를 채소처럼 통째로 요리하기도 한다.

식용 장미는 십자군 원정과 향신료 교역을 통해서 유럽에 전파됐다. 17세기 영국의 왕실 요리사였던 케넬름 딕비Kenelm Digbie는 붉은 장미를 저장하는 조리법을 글로 남겼는데 '리넨처럼 아주 부드럽고 연해 보일 때까지' 꽃잎을 익히라고 조언했다. 1741년 영국에서 작성된 조리법에는 장미수에 담근 버터가 등장하기도 한다. 영국인은 버터를 얇은 모슬린에 싸서 향이 살짝 밸 때까지 장미 꽃잎 속에 묻어두기도 했다.

유럽인과 아시아인 그리고 북미 인디언은 오래 전부터 솜털로 덮인 씨앗을 제거한 로즈힙을 먹었다. 지금도 들장미 열매인 로즈힙은 설탕과 함께 끓여 시럽을 만드는 데 사용된다. 로즈힙 시럽은 오렌지보다 더 많은 비타민C를 함유하고 있으며 열대 과일의 향이 난다. 새로운 먹을거리에 대한 관심이 높아지고 있는 오늘날, 로즈힙 채취가 다시 인기를 누리고 있다.

장미는 천 년을 이어가며 여전히 부엌에서 사랑받고 있다. 우리는 피클에서부터 향긋한 차, 천상의 맛을 선물하는 초콜릿과 누가, 마시멜로 그리고 케이크와 파이에 이르기까지 장미 꽃잎을 사용할 수 있는 다양한 방법을 찾아냈다. 입 안에서 사르르 녹는 로사 이스파한Rosa ispahan 맛의 마카롱을 누가 기부할 수 있을까? 한 스푼 가득 뜬 장미 꽃잎 잼보다 더 황홀한 것이 있을까? ■

꽃의 현재성
NOWNESS OF FLOWERS

순간을 음미하다

글 찰리 리-포터 *Charlie Lee-Potter* 사진 스티븐 렌털 *Stephen Lenthall*

극작가 데니스 포터Dennis Potter는 산들바람에 실려 오는 매화 향기에서 완벽한 '현재성'의 본질을 느꼈다. 그는 췌장암 말기에 이르러 창밖을 보다가 '세상에서 가장 하얗고, 가장 하늘거리는, 가장 꽃다운 꽃'을 발견했다. 포터는 암에 걸리고 나서야 우리 모두가 지금 이 순간을 즐기지 못한 채 과거를 추억하고 미래를 예측하느라 너무 많은 시간을 허비하고 있음을 뼈저리게 깨달았다. 포터는 "우리가 확실히 아는 단 한 가지는 현재 시제다. 모든 것에 내재된 현재성은 참으로 경이롭다."라고 말했다.

여러분이 원하는 것이 포터가 이야기한 '현재성'이라면 추천하고 싶은 것이 하나 있다. 내가 말하려는 방법에는 꽃이 필요하다. 식용꽃을 사용한다면, 그 누구보다 열정적으로 현재를 살고 있다는 느낌을 더욱 가슴 벅차게 느낄 것이다. 골파, 로즈마리, 타임thyme, 달래 꽃잎은 모두 허브 자체의 농축된 향기를 오롯이 품고 있으면서도 잎처럼 우쭐대며 향을 과시하지 않는다. 염소 치즈 샐러드 위에 연보라색 타임 꽃잎을 한 줌 뿌려보자. 완두콩 리소토Risotto에 로즈마리 꽃잎을, 잘 익은 토마토에 바

▶▶▶

◀◀◀

질 꽃잎을, 스크램블 에그에 양파 향을 머금은 골파 꽃잎을 얹는 것도 좋다. 아마 여러분은 향이 나는 순간에 깊게 빠져들어 좀처럼 헤어나지 못할 것이다.

《바베트의 만찬Babette's Feast》을 쓴 카렌 블릭센Karen Blixen은 식용꽃이 지닌 특별한 아름다움을 발견하고는 자신의 집을 그 꽃들로 장식했다. 책《작가의 집Writers' Houses》은 블릭센을 "그녀는 손님을 초대한 날이면 새벽 5시에 일어나서 밖으로 나가, 이슬이 촉촉이 내려앉은 꽃을 땄다."라고 기록한다. 그녀가 꽃을 딴 순간, 무엇이 이슬을 흠뻑 머금은 그 꽃보다 강렬한 현재성을 지닐 수 있을까? 셰익스피어의 작품에 등장하는 오필리아는 물에 빠져 죽기 전에 식용꽃인 로즈마리, 팬지, 회향, 매발톱꽃을 따서 슬픈 꽃다발을 만들었다. 어쩌면 오필리아는 강물에 떠내려가면서 완전한 '현재성'을 즐겼을지 모른다. 그것은 미래에 대한 모든 희망을 잃은 그녀에게 행복한 순간이었으리라.

19세기 프랑스 시인 스테판 말라르메Stéphane Mallarmé는 시인이란 현실을 단순히 모사하는 것 이상의 사명을 지닌 사람이라고 했다. 그는 시인은 '모든 부케에 빠진 꽃'을 떠올릴 수 있게 해야 한다는 멋진 말을 남겼다. 이것은 완벽하고 이상적인 꽃이야말로 오직 상상 속에만 존재하기 때문에 부케에서 찾을 수 없음을 뜻한다. 그 상상의 꽃을 묘사하는 것이 시인의 할 일이다. 나는 그가 뜻한 이 '부재의 꽃'을 모든 감각을 동시에 만족시키는 식용꽃이라고 상상하고 싶다.

나는 식용꽃이 단지 '현재성'만을 지닌 것이라는 오해를 사게 하고 싶지 않다. 지그문트 프로이트Sigmund Freud는 훗날의 경험이 충격적인 예전의 기억을 부를 수 있다는 '사후성Nachträglichkeit' 논리를 펼쳤다. 그러나 내가 이야기하는 '사후성'은 트라우마와는 관계없으니 안심하기 바란다. 예컨대 바질 꽃잎을 몇 송이 따서 눈을 감은 채 혀에 올려 놓아보자. 어떤 일이 벌어질까? 내 경우로 말하자면, 이탈리아의 시에나Siena에서 따스한 햇살이 내리쬐는 테라스에 있는 기분을 느낀다. 그리고 나는 마늘을 살짝 발라 구운 뒤 도톰하게 썬 싱싱한 토마토를 얹고, 바닷소금과 후추를 뿌리고 바질을 잘게 뜯어 뿌린 브루스케타Bruschetta를 먹던 기억을 떠올린다. 벌써 17년 전의 일이지만 나는 바질 맛을 느끼는 순간이면 어느새 이탈리아에 가있다. 훌쩍 자란 바질 잎으로는 이런 경험을 할 수 없다. 이것은 포터가 말한 '현재성'에 덧붙여 '사후성'을 완벽하게 증명한다.

이제 미래만 담아둘 수 있다면 꽃은 모든 시간을 아우를 수 있을 듯하다. 나는 한 가지 실험을 했다. 내 나름의 저온학Cryogenics을 이용한 방법이었던 만큼 결과는 전혀 놀랍지 않았다. 지난 여름, 각얼음틀에 물을 붓고 식용꽃을 넣어 얼려봤다. 오이 향이 나는 보리지 꽃잎 얼음은 핌스와, 제비꽃 얼음은 스프리처Spritzer와 잘 어울릴 것 같았다. 그러나 식용꽃이 지닌 마력에도 결과는 실망스러웠다. 칵테일 잔에서 얼음이 녹은 순간, 꽃은 싱그러움을 잃고서 힘없이 축 늘어졌다. 식용꽃은 과거를 되살리고 현재를 만끽하게 해도, 미래를 붙잡을 수는 없나 보다. ■

FIRSTLEAF.CO.UK

Flowers provided by First Leaf

해체의 미학
DECONSTRUCTED

포토 에세이: 그릇에 담긴 사연

글 모위 케이 *Mowie Kay* 스타일링 조한나 우드 *Johanna Wood*

식충성
ENTOMOPHAGY

곤충을 먹다

글 리치드 아슬란 *Richard Aslan* 사진 조너선 그렉슨 *Jonathan Gregson* 일러스트레이션 로르나 픽턴 *Lorna Picton*

> 식용 곤충은 이곳에서 중요한 돈벌이 수단이다. 그 기원은 아즈텍 시대로 거슬러 올라간다. 귀뚜라미, 메뚜기, 구더기, 꿀벌 애벌레는 모두 기름에 튀겨져 길거리 음식으로 탈바꿈한다.

우리는 입에 들어가는 것이 어떤 종에 속하는지 유난스레 따지지 않는다. 식용 가능한 모든 것은 세계 곳곳에서 먹을거리가 되고 있다. 식용 곤충을 재빨리 둘러보는 이 여행을 기획한 것은 인간이 어떤 것까지 먹을 수 있는지 보여주기 위한 것도, 여러분에게 불편함을 느끼게 하려는 것도 아니다. UN이 발표한 자료에 의하면 전 세계 국가 중 80%가 저마다의 방법에 따라 곤충을 먹을 것으로 사용한다. 여러분이 만약 구더기 먹는 것을 혐오한다면 부디 마음을 활짝 열기 바란다. 반대로 맛있게 양념해서 튀긴 메뚜기 꼬치를 빙글빙글 돌리며 이 글을 읽고 있다면 인내심을 갖길 바란다. 이제 우리는 아프리카에서 여행을 시작하려고 한다.

사하라 사막 너머의 관목지와 숲이 있는 지역에서는 거의 모두가 곤충을 먹는다. 가나에는 성인 남자의 키보다 높은 흰개미집이 뻐주뻐죽한 암초처럼 솟아있다. 그들은 흰개미 떼를 발견하면 언제나 잔치를 연다. 일개미, 병정개미, 생식 담당 개미 할 것 없이 모두 튀기고, 굽고, 끓인다. 냄비에 고인 흰개미 기름은 보관했다가 요리에 사용한다. 조금 더 동쪽에 위치한 카메룬에서는 통통한 야자 바구미 애벌레를 양파와 함께 코코넛 껍질에 넣어서 찐 다음 귀한 손님에게 대접한다. 굽거나 찐 애벌레를 으깨서 호박씨와 섞어 먹기도 한다. 메뚜기와 귀뚜라미 그리고 꿀벌 애벌레도 재료로 사용된다. 남쪽으로 한참을 이동한 곳에서는 흑단벌레mopane worm가 식용 곤충 가운데에 최고다. 이것은 고님브라시아 벨리나Gonimbrasia belina라고도 불리는 커다란 나방 애벌레로, 콩고에서부터 희망봉Cope of Good Hope에 이르는 넓은 지역에서 중요한 동물성 단백질 공급원이 되고 있다. 살짝 익혀서 튀긴 흑단벌레는 겉은 바삭하면서도 속은 크림처럼 부드럽다. 흑단벌레 튀김은 팝pap과 함께 매운 토마토소스를 곁들여 먹는다.

이제 인도양을 가로질러 북동쪽으로 날아가보자. 눈물 방울처럼 생긴 섬나라 스리랑카가 우리를 맞는다. 스리랑카에서는 바나나 나무에 살기 때문에 바나나 애벌레Banana grub라고 불리는 곤충을 먹는다. 인도에서는 봄베이에서 캘커타에 이르기까지 북적거리는 시장 어디에서나 튀긴 귀뚜라미와 메뚜기를 살 수 있다. 히말라야 산맥에 위치한 네팔에서는 꿀벌 애벌레를 천으로 싸서 즙을 짜낸 뒤 튀긴다. 동쪽으로 걸음을 옮겨서 차를

▶▶▶

◀◀◀

재배하는 아삼Assam과 인구가 밀집한 갠지스 강 하류의 삼각주를 지나면 동남아시아가 시작된다. 태국은 세계에서 곤충을 가장 즐겨 먹는 나라다. 가판대에는 곤충이 마치 사탕이라도 되는 듯 쌓여있다. 양념을 해서 튀긴 귀뚜라미 옆자리는 외계 생명체처럼 보이는 거대한 물장군, 홍개미 애벌레와 알, 거미류에 속하면서 전갈과 닮은 다리 여덟 개짜리 곤충이 가판대를 차지하고 있다. 석탄 위에서 타란툴라를 바삭거리도록 까맣게 탈 때까지 굽고 있는 모습이 보인다. 이웃나라 캄보디아에서는 아이들이 타란툴라를 잡는다. 아이들은 타란툴라의 힘센 입을 능숙하게 피할 줄 안다. 캄보디아의 북쪽과 동쪽에 위치한 나라 라오스와 베트남 역시 곤충 애호국이다. 거대한 이웃 나라 중국도 마찬가지다. 중국에서 곤충은 약재와 강장제의 원료가 될 뿐 아니라 요리의 재료로 쓰인다. 개미, 전갈 그리고 벌은 식당과 약재상에서 쉽게 찾을 수 있다. 바다 건너 일본 나가노Nagano는 귀뚜라미와 꿀벌 애벌레뿐 아니라 사나운 말벌 애벌레 요리로 유명하다. 일본인들은 매미도 먹을 것으로 사용한다. 여름에 일본에 가면 큼직한 매미가 자동차 경적보다 시끄럽게 울어대는 소리를 피할 수 없다. 북쪽으로 올라가서 한국의 서울 거리로 들어서면 번데기 냄새가 코끝에 느껴진다. 다른 아시아 국가와 마찬가지로 한국도 실크 생산 과정에서 나오는 부산물인, 맛좋은 고단백 번데기를 먹을거리로 삼는다.

다시 남쪽으로 방향을 바꿔서, 우리가 거쳐 가는 크고 작은 모든 섬에서 누군가는 곤충을 우적우적 먹고 있을 것이다. 싱가포르 사람들은 새까만 개미를 먹고 발리에서는 어린아이들이 가느다란 막대기로 잠자리를 잡는다. 인도네시아와 파푸아뉴기니에서는 사고야자 애벌레Sago worm를 비롯해 다양한 애벌레가 입을 즐겁게 한다. 좀 더 남쪽으로 내려가보자. 호주 원주민들은 나무를 갉아먹는 통통한 꿀벌레큰나방 애벌레를 식용하는 것으로 유명하다. 몸에 꿀을 가득 담고 있는 꿀단지개미와 벌도 호주 원주민들의 사랑을 받는다. 벌레를 혐오하는 영어권 국가들을 제쳐 두고, 북미와 남미에는 곤충을 먹는 지역들이 군데군데에 있다. 캐나다 북쪽 지방에서는 순록 등에서 말파리 애벌레를 채취하고, 찌는 듯 더운 아마존에서는 가위개미를, 파라과이에서는 딱정벌레 애벌레를, 콜롬비아와 베네수엘라에서는 큰엉덩이개미를 먹는다. 그러나 멕시코인의 곤충 사랑 앞에서는 이 모든 것이 시시하다. 식용 곤충을 두고서 태국에 맞설 수 있는 나라는 멕시

▶▶▶

◀◀◀

코밖에 없을 것이다. 식용 곤충은 이곳에서 중요한 돈벌이 수단이다. 그 기원은 아즈텍 시대로 거슬러 올라간다. 귀뚜라미, 메뚜기, 구더기, 꿀벌 애벌레는 모두 기름에 튀겨져 길거리 음식으로 탈바꿈한다. 블랙 버터Back butter를 곁들여 내는 날개미 알 에스카몰레Escamoles는 멕시코 전통 진미로 유명하다. 데킬라에 절인 용설란 벌레Agave worm도 멕시코에서 맛볼 수 있는 요리다.

카리브 해를 벗어난 뒤 또 하나의 거친 바다를 지나면 우리 여행의 종착지인 유럽에 다다른다. 유럽은 식충성을 전혀 찾아볼 수 없어서 오히려 더 눈길을 끈다. 크고 작은 변화로 예부터 깊이 뿌리 내린 식충에 대한 혐오감이 흔들리고 있기는 하지만, 유럽인은 곤충을 재미삼아 먹어볼 뿐이다. 고급 백화점에 진열된 귀뚜라미 막대사탕이 그 한 예다.
그러나 에메랄드빛 바다로 둘러싸인 사르디니아Sardinia와 이탈리아 반도 남쪽에 흩어진 마을에서는 전혀 다른 상황이 벌어진다. 카수 마르주Casu marzu는 양젖으로 만든 페코리노Pecorino와 비슷한 둥근 치즈인데, 그 안에 구더기가 생기도록 둔다. 구더기를 제거하는 사람도 많지만 더 많은 사람이 이 작은 벌레를 반긴다. 이곳 사람들은 치즈의 윗부분을 뚜껑처럼 얇게 잘라낸 뒤 티스푼으로 구더기를 떠서 산 채로 먹는다.

식충성 이야기를 끝내기 전에 한 가지 덧붙여야 할 것이 있다. 우리는 대부분 곤충을 먹을 때 곤충이라고 인지하면서 먹지만, 사실은 매일 인지하지 못하고 곤충을 먹고 있다. 우리가 사용하는 농법은 운 없는 성충과 애벌레 그리고 알이 생산 과정에 휘말려있다. 이 불청객들을 완전히 제거하는 것은 불가능하다. 1995년 미국 식품의약국은 식품 내 이물 잔류량 허용치 Food Defect Action Levels를 발표했다. 곤충 부스러기가 땅콩버터에는 100g당 30개, 초콜릿 바에는 100g당 60개, 아침에 먹는 토스트의 원료 밀가루에는 100g당 150개까지 허용된다. 결국 우리가 원하든 원치 않든, 알든 모르든 식충성은 우리 삶에 깊이 파고들어있다. ■

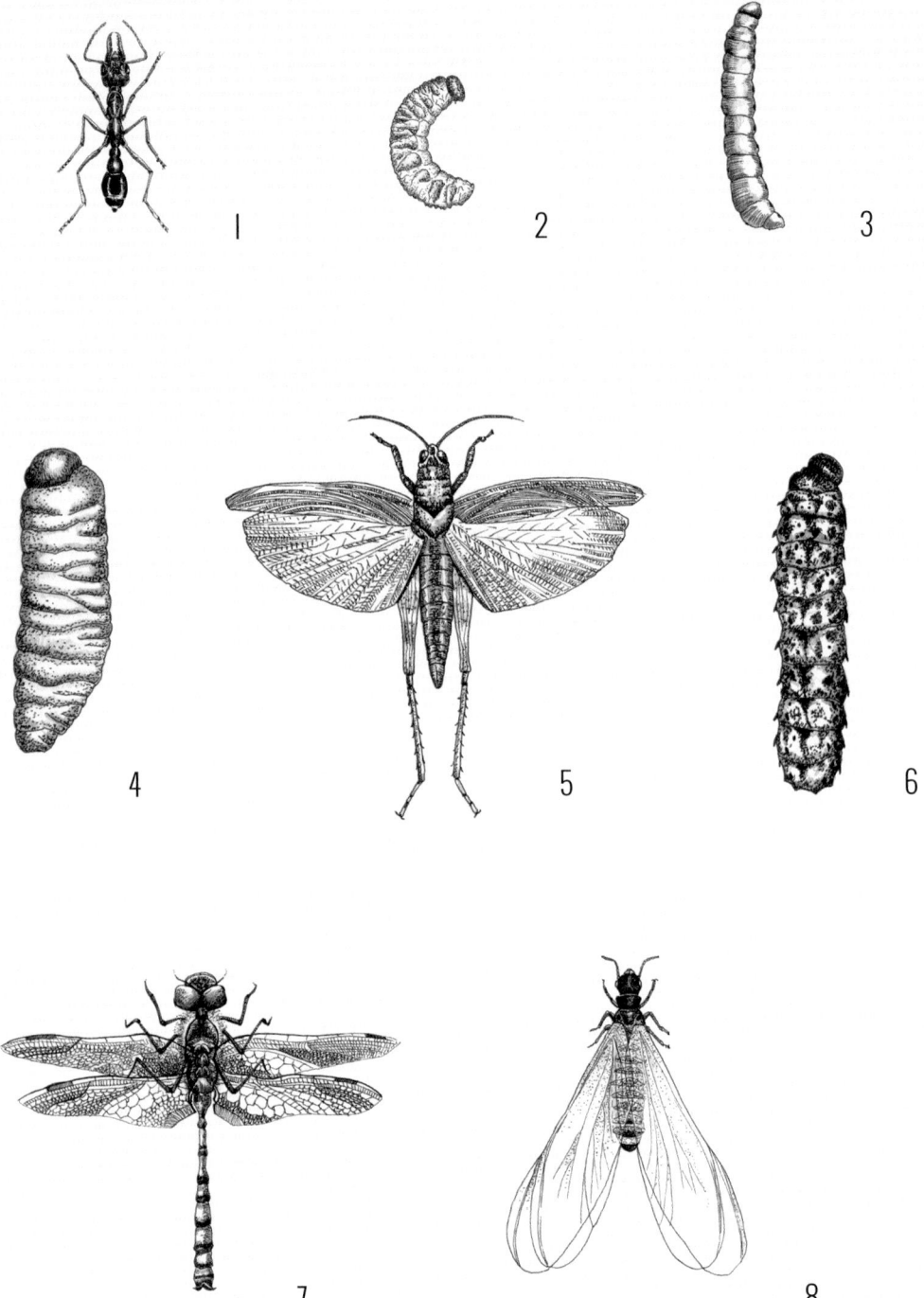

9

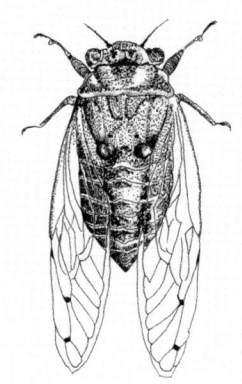
10

	이름	서식지	조리법	먹는 방법
1	개미 Formicidae	아프리카, 아시아, 아메리카, 오스트랄라시아	생식, 튀기기	통째로
2	꿀벌 애벌레 Apidae	아프리카, 아시아, 아메리카, 오스트랄라시아	생식, 튀기기, 뭉근히 끓이기	통째로
3	누에 Bombyx mori	한국, 일본, 중국	삶기, 튀기기	통째로
4	꿀벌레큰나방 애벌레 Endoxyla leucomochia	호주	생식, 그릴에 굽기	통째로
5	귀뚜라미, 메뚜기 Othoptera	아프리카, 아시아, 아메리카, 오스트랄라시아	튀기기, 그릴에 굽기	통째로 또는 다리를 떼어낸다
6	흑단벌레 Gonimbrasia belina	콩고, 보츠와나, 잠비아, 짐바브웨, 남아프리카공화국	데치기, 튀기기	통째로
7	잠자리 Anisoptera	발리, 중국	튀기기, 그릴에 굽기	통째로 또는 다리를 떼어낸다
8	흰개미 Termitoidae	사하라 사막 이남 아프리카	삶기, 굽기, 튀기기	통째로
9	바퀴벌레 Blattodea	태국, 캄보디아	데치기, 튀기기	다리와 날개를 떼어내고, 껍질은 벗긴다
10	매미 Cicadoidea	일본, 태국, 말레이시아	데치기, 튀기기	다리와 날개를 떼어내고, 껍질은 벗긴다

혐오감의 심리학
PSYCHOLOGY OF DISGUST

곤충 소비를 가로막는 마음의 장벽 뛰어넘기

글 닉 베인스 *Nick Baines* 사진 마틴 카우프만 *Martin Kaufmann*

이런 주제로 글을 쓰자니 어릴 때 곤충을 먹은 경험이 떠오른다. 월트디즈니가 제작한 애니메이션 〈정글북〉에는 발루Baloo가 '곰에게 필요한 것The Bear Necessities'을 신나게 노래하다가 바위를 들어 올려서 개미를 먹는 장면이 나온다. 뭐든지 따라하는 모글리Mowgli는 발루처럼 한다. 모글리와 달리 내게는 뒷문 밖에 깔린 석판을 핥는 내 모습에 얼굴을 찡그리는 어머니가 있었기에, 나는 개미 네 마리를 목구멍으로 넘기고는 그 뒤로 더 이상 먹을 수 없었다.

벌레를 먹는 아이에 얽힌 이야기는 흔하다. 아이들은 정원에서 흙 속에 숨은 벌레를 발견하면 무심코 입에 넣기도 한다. 그러나 부모들은 자녀의 이런 경험이 습관이 되기 전에 일찌감치 싹을 자르기 때문에 아이는 곤충을 먹을거리로 바라볼 수 있는 눈을 영원히 잃고 만다. 우리는 "파리 한 마리를 삼킨 할머니가 계셨어요."라고 노래하는 동요를 흥얼거리며 자라는 동안 곤충을 징그럽고 무섭고 소름끼치는 것으로 여기게 됐다. 잠깐 동안이나마 곤충을 음식으로 접하게 되더라도 이런 기회는 신기한 체험으로 그친다. TV 프로그램에서 보여주는 벌레 먹기 도전 같은 것은 식충성 이미지 개선에 도움이 안 된다.

우리는 식충을 주제로 이야기할 때, 입 속에서 살아 꿈틀대며 발버둥치는 곤충의 뻣뻣한 다리를 떠올리고는 한다. 닭이나 오리, 소나 돼지 혹은 생선과 달리 곤충은 살아서 꼼지락거리는 모습이 우리에게 더 익숙하다. 우리는 곤충 먹기를 왜 이토록 혐오스러워할까?

빈센트 홀트Vincent Holt는 1885년에 출간한 《곤충을 먹어보세요Why Not Eat Insects》에서 이 문제를 깊이 분석하고는 "이 생명체를 대체 왜 혐오스럽다고 표현하는 것일까? 곤충은 혐오스러운 대상이 아닐 뿐더러 '진미'라고 귀한 대접을 받는 숱한 음식보다 모든 면에서 더 훌륭한 인류 식량원이 될 수 있다."라고 말했다. 홀트는 장어 같은 동물과 달리 곤충 대부분이 초식이라는 점을 강조했다. 그는 장어를 '온갖 오물을 먹어치우는 물속 청소부'라고 표현했고 썩은 물고기를

▶▶▶

◂◂◂

미끼로 가재를 잡는다는 사실도 강조했다. 가축이 먹고 자란 사료와 원산지를 꼼꼼히 따지는 오늘날, 홀트의 이야기는 설득력을 갖는다.

홀트는 이 책에 "유행은 세상을 움직이는 가장 큰 힘이다. 높은 지위에 있는 사람이 곤충 요리를 식탁에 올리는 유행을 만든다면 어떨까?"라고 적었다. 수많은 식당이 새로운 먹을거리를 선보이며 드물지만 곤충 요리가 메뉴판에 오르기 시작한 요즘, 홀트의 꿈이 이뤄지기 시작했다.

나는 대중이 식충성을 받아들이기 힘든 이유에 대해서 이야기를 나누려고 펜실베이니아대학교의 폴 로진Paul Rozin 교수를 만났다. 로진 교수는 "곤충이 세계 식량 문제를 해결할 수 있다고 생각합니다. 가장 큰 걸림돌은 심리적인 것입니다."라고 말했다. 그는 혐오감과 인간의 식량 선택의 상관관계를 깊이 연구했다. 로진 교수는 "사실 인간은 모든 동물을 먹는 것에 혐오감을 느낍니다. 식충성에 대한 거부감도 비슷합니다."라고 주장했다. 가까운 동물원을 찾아가서 한 바퀴 둘러보기만 해도 로진 교수의 말에 공감할 것이다. 로진 교수는 1997년 펜실베이니아 대학교 학보 〈아트 & 사이언스Arts&Sciences〉에 실린 인터뷰 기사를 통해서 "혐오감은 문화의 영향 속에서 진화하며, 육체가 해를 입지 않도록 보호하는 방어시스템에서 정신이 해를 입지 않도록 보호하는 방어시스템으로 발전한다."라고 말했다. 결국 거부감은 길들여진 방어 메커니즘에서 비롯된 것이다.

곤충은 생김새도 우리가 먹는 동물과 매우 다르다. 우리가 가장 견디기 힘든 것은 바로 오도독거리는 껍질이다. 곤충의 외골격은 불편한 식감을 느끼게 한다. 노르딕 푸드 랩Nordic Food Lab의 요리 연구개발 수석인 베네딕트 리아데Benedict Reade는 거부감의 이유를 "껍질에서 느껴지는 오도독거리는 식감과 껍질 속에 든 찐득거리고 걸쭉한 액체 때문이다. 껍질 속에서 고기다운 부분을 찾기는 어렵다."라고 말한다.

미국과 영국에서는 곤충을 먹는 것을 휴가 중에 도전 삼아 해볼 만한 신기한 일로 여긴다. 로진 교수는 우리의 마음가짐을 바꾸려면 거쳐야 할 단계가 있다고 말한다. "필요에 의해서 곤충을 먹을 수밖에 없을 때까지 기다린다, 조심스럽게 곤충을 소개한다, 곤충을 맛있게 요리하는 방법을 찾는다." 시간을 두고 이런 방법을 실천할 때 우리는 곤충을 먹어보고 싶은, 아이 같은 호기심을 되찾을 수 있을지도 모른다. ■

곤충 요리학
INSECT GASTRONOMY

맛과 향 그리고 식감을 탐구하다

글 조시 에반스 *Josh Evans* 사진 라인 클라인 *Line Klein*

> 곤충은 다양한 맛을 자랑할 뿐 아니라 감칠맛을 낼 수도 있다. 아삭거리기만 하는 것이 아니라 고급스러운 식감이 느껴지기도 한다.

조시 에반스는 노르딕 푸드 랩의 연구원이며 예일대 지속가능한 프로젝트Yale Sustainable Food Project의 특파원이기도 하다.

저울 바늘은 한동안 움직인 뒤에야 멈춘다. 배는 항구에 닻을 내렸지만 높아진 파도 탓에 제법 흔들린다. 저울 바늘이 이렇게 흔들릴 때면 보통 평균값을 찾는다. 이곳에서 무게를 재는 것은 이따금 힘들기도 하다. 그래도 우리는 이 일을 좋아할 수밖에 없다.

배가 흔들리면 다행히 식초, 소스, 팅크tincture, 맥주 등에는 도움이 된다. 가운데가 불룩 나온 통 또는 항아리나 병 안에 담긴 내용이 가볍게 흔들리는 배 안에서 교반 작업이라도 하듯 다양한 발효 단계를 거친다. 적도를 넘어가는 동안 더워진 선체에서 앞뒤로 흔들리며 풍미를 더해 가는 화이트와인 마데이라Madeira처럼.

그러나 오늘 내 연구 대상은 와인이 아니다. 식초나 맥주, 해초나 수렵육 혹은 야생식물이나 피클도 아니다. 나는 여느 때와 마찬가지로 '최상의 맛을 간직한 다양성'을 목표로 곤충을 연구하고 있다.

곤충은 장점이 많다. 영양가가 높고, 널리 분포돼있으며 세계 곳곳에서 먹을 것으로 활용된다. 또한 고갈되지 않는 동물성 단백질 공급원으로서도 커다란 잠재력을 지니고 있으며 맛도 좋다. 곤충은 감칠맛을 낼 수도 있다. 고급스러운 식감이 느껴지기도 한다. 한마디로 말해서, 곤충을 먹을 수 있다고만 말하는 것은 제대로 된 설명이 아니다. 몇몇 곤충은 그야말로 진미다.

개미는 지구에서 가장 흔하지만 가장 다양한 향을 지닌 곤충이다. 개미가 발산하는 향은 서로 간의 의사소통 수단만큼이나 분비하는 페로몬의 종류에 따라 다양하다. 인간은 이 휘발성 분자를 기분 좋게 인식하는 것이다. 감귤, 소나무, 고수, 가죽, 계피, 복숭아, 노루발풀, 바닐라 등 개미가 발산하는 다양한 향은 생화학적 신호다. 개미는 사회성을 지닌 덕분에 좋은 냄새를 풍긴다.

개미는 냄새뿐 아니라 맛도 좋다. 적으로부터 스스로를 지키려고 분비하는 포름산Formic acid 때문에 시큼한 맛이 난다. 개미 한 마리를 입 속에서 터뜨려보자. 개미는 산을 내뿜으면서 독특한 향과 함께 톡 쏘는 맛을 낸다. 포름산은 사실 '개미'에서 그 이름이 유래됐다. 1671년 영국 박물학자 존 레이John Ray는 유럽 전역에 서식하는 포르미카 루파Formica rufa라고도 불리는 홍개미에게서 세계 최초로 포름산 정제에 성공했다.

홍개미는 덴마크 숲에서도 가장 흔히 볼 수 있다. 우리는 여름과 가을에 개미집에서 이 개미를 채집한다. 홍개미는 레몬 맛을 지녔으며 살짝 캐러멜 맛도 난다. 그릴에 얹어 그슬린 레몬 껍질 같다고나 할까.

▶▶▶

◀◀◀

푸른베짜기개미Oecophylla smaragdina는 호주 북부와 인도네시아에 서식하는 개미로 수천 년 동안 이곳 원주민들의 먹을거리가 돼왔다. 최근에 호주를 여행하며 살아있는 푸른베짜기개미를 맛볼 수 있었다. 통째로 먹는 홍개미와 달리 푸른베짜기개미는 통통한 초록빛 배 부분을 먹을 때 제대로 맛을 즐길 수 있다. 이 개미에서는 시큼털털한 사과나 연한 식초처럼 시큼한 맛이 난다.

꿀단지개미Honey ants는 여느 개미와는 사뭇 다르다. 그렇다고 독립된 종種은 아니며 개미를 분류하는 5속屬 가운데 하나에 속한다. 꿀단지개미는 잔뜩 부푼 뱃속에 먹이와 물을 저장했다가 필요할 때에 무리에게 나눠준다. 꿀단지개미가 건조기후지역에서 주로 발견되는 것은 바로 이런 이유 때문인지도 모른다. 이 중 호주에 서식하는 종인 캄포노투스 인플라투스Camponotus inflatus는 몸에 달콤한 꿀을 저장하고 있어서 원주민들에게 별미로 여겨진다. 힘겹게 땅을 파헤쳐 찾아낼 가치가 충분한 곤충이다.

개미만이 독특한 향을 지닌 것은 아니다. 나우포에타 시네레아Nauphoeta cinerea라는 학명을 지닌 나무바퀴벌레Wood cockroach는 가정집에 출몰해서 우리를 공포에 떨게 만드는 대표적인 바퀴벌레와는 전혀 다르다. 나무바퀴벌레는 엄지손톱보다 작은데 불에 구우면 커피와 초콜릿, 맥아와 흑겨자 향을 낸다. 지렁이Megascolecidae 또한 뚜렷한 향과 놀라운 맛이 난다. 지렁이가 내뿜는 향은 비트와 비옥한 부엽토를 떠올리게 한다. 지렁이 몸에서 지오스민geosmin 냄새가 나는 것은 당연하다. 절로 고개를 끄덕이게 하는, "먹는 대로 나온다."는 옛말은 사람에게만 해당되는 것이 아니다.

개미는 음식에 새콤한 맛과 향을 더할 수 있기 때문에 주재료보다는 향신료로 적합하다. 곤충은 그 감칠맛으로 우리를 사로잡기도 한다. 많은 곤충, 특히 메뚜기목에 속하며 살이 많은 곤충과 딱정벌레목에 속하는 모든 다육질 곤충은 왜소해 보이는 생김새와 달리 높은 단백질 함유량을 자랑한다. 이들 곤충은 대부분 날로 먹든 익혀서 먹든 고기 맛이 나며, 맛이 좋다. 그러나 세세 곳곳의 여러 문화 속에서 예부터 채수와 생선을 발효시키고, 고기를 훈제하고, 치즈를 숙성시키면서, 일부 먹을거리를 배양한 것처럼, 발효 과정을 거쳐서 곤충의 단백질을 아미노산으로 분해한다면 감칠맛을 한껏 살릴 수 있다.

우리가 이런 기법을 이용해서 가장 먼저 만든 것은 발효 생선 소스였다. 우리는 고대 로마의 생선 소스인 가룸garum과 리콰멘liquamen 그리고 동남아시아의 생선 소스 남플라nampla, 느억맘nước mắm, 숏스루shottsuru에서 영감을 얻었고, 그들이 사용한 기법을 우리에게 맞게 재해석해서 북유럽 스타일의 생선 소스를 만들기 시작했다.

▶▶▶

> 은은한 단맛을 비롯해 혀를 즐겁게 하는 여러 풍미가 긴 여운을 남긴다. 식감은 만족을 넘어서 사치스러울 정도다. 수벌 유충은 캐비어보다 무르면서도 옹골지다.

◀◀◀

우리는 북유럽에 넘쳐나는 청어와 고등어에 집중했다. 내장에 소금과 코지koji를 섞어 발효시켰다. 때로는 대가리와 뼈를 함께 발효시키기도 했다. 소금은 원하지 않는 곰팡이나 세균이 자라는 것을 예방한다. 코지는 쌀에 누룩 곰팡이를 넣어 번식시킨 것으로, 일본에서 예부터 미소miso, 쇼유shoyu, 사케sake 등을 만들 때 쓰는 효소다. 흔히 버려지는 내장은 발효에 가장 적합한 부위다. 세균과 효소를 한껏 함유하고 있기 때문이다. 물고기가 먹는 것을 소화하던 내장은, 이제 물고기를 소화해서 우리에게 먹을 음식으로 만들어준다. 우리는 그 음식을 소화할 것이고, 언젠가 때가 되면 우리 역시 소화의 대상이 될 것이다.

우리는 생선 소스를 만든 다음, 다른 고단백 식품에도 적용하기 시작했다. 완두콩, 강낭콩, 견과를 비롯해 온갖 종류의 씨앗과 토끼, 꿩, 사슴 등 수렵육 그리고 메뚜기, 귀뚜라미, 거저리 애벌레mealworm, 벌 애벌레, 벌집나방 등이 실험 대상이 됐다. 대부분 만족스러운 결과를 보였는데, 곤충이 가장 잘 발효된 것 중 하나였다.

우리의 첫 작품은 풀무치Locusta migratoria와 벌집나방Galleria mellonella 발효 소스였다. 곤충을 생존에 적합하지 않은 환경에 방치해서 죽인 다음, 코지와 소금을 섞어서 유리 비커에 담는다. 공기가 들어가지 않도록 플라스틱 뚜껑을 덮은 채 40°C에서 6주 이상 보관한다(오래 보관할수록 좋다). 소금이 곰팡이 번식을 막는 동안 효소는 단백질을 분해하고 내염성 젖산균이 혼합물에 섞이며 마침내 오묘한 향과 풍부한 감칠맛을 지닌 발효 소스가 탄생한다.

나는 곤충 소스가 생선이나 고기로 만든 소스와 비슷할 줄 알았지만 착각이었다. 메뚜기 벌집나방 소스에서는 은은한 굴소스, 발효와 로스팅 과정을 거친 카카오 향이 느껴졌다. 단백질 함량이 높은 모든 재료에 우리가 사용한 방법을 시도해볼 수 있다. 틀림없이 '맛있는' 결과를 얻을 것이다. 물론 시행착오를 겪을 수도 있다. 그러나 몇 차례 실험을 되풀이하면 재료가 지닌 '맛있는' 잠재력을 발견하게 될 것이다.

맛있는 음식을 이야기할 때 사람들은 풍미를 첫째로 꼽으며 다음으로 식감을 떠올린다. 곤충을 서양인 입맛에 맞추려면 무엇보다 식감을 중요하게 여겨야 한다. 곤충을 잡아서 통째로 먹는다는 심리적 부담감도 있지만 사실 맛이나 향보다는 식감 때문에 곤충 먹기를 꺼리는 사람이 많다.

그래서 독창적 요리법을 개발해야 한다. 곤충을 통째로 접시에 담아내지 않는 요리법은 무엇일까? 꿀벌 애벌레 그래놀라granola, 벌집나방과 버무린 무슬린mousseline, 귀뚜라미를 여러 향신료와 함께 끓여서 만든 육수 등은 식충성을 자연스럽게 받아들이도록 돕는 유용한 음식이다. 이런 목적을 위해서라면 알코올은 큰 몫을 할 수 있다. 개미와 함께 증류한 진gin이나 거저리 애벌레와 함께

▶▶▶

◀◀◀

양조한 맥주를 상상해보자. 이렇게 우리는 곤충이 들어있지만 기꺼이 받아들일 수 있는 음식을 '게이트웨이 푸드Gateway food'라고 부른다.

곤충을 통째로 먹을 때 강한 거부감이 드는 것은 무엇보다도 오도독거리는 외골격이다. 우리는 이것을 벗겨 내거나, 바삭거리게 만들거나, 잘게 부숴야 한다. 사실 곤충 껍질은 우리가 예부터 익히거나 발효시켜서 혹은 살과 함께 먹어 온, 자그마한 갑각류의 얇은 겉껍이나 작은 생선의 뼈와 같다. 많은 문화권, 특히 중남미와 동남아시아의 여러 지역에서는 곤충을 통째로 튀기거나 구워서 구조 단백질과 긴 다당류 사슬로 구성된 키틴질 외골격을 바삭하게 만든다. 바삭한 것이 입 안에서 살살 녹게 하는 것이다.

발효는 곤충 외골격의 식감을 변화시키는 또 다른 전략이다. 곤충 껍질을 익히거나 제거하는 대신에 물리 작용, 효소 작용, 대사 작용을 이용해 살과 함께 분해해서 향과 맛을 살리고 식감을 개선할 수 있다. 감칠맛과 오묘한 향을 내면서 외골격 문제를 완벽하게 해결하는 것이야말로 우리가 발효 소스를 개발한 이유 중 하나였다.

물론 식용 곤충이 모두 외골격을 가진 것은 아니다. 흔히 먹을거리가 되고 있는 많은 곤충은 성충이 되기 이전 단계다. 예를 들면 가룸의 재료로 사용하는 벌집나방 애벌레, 거무스름한 거저리 애벌레 그리고 꿀벌이 알에서 부화한 직후부터 성충이 되기 전까지의 봉아bee brood 상태 등을 말한다. 그래서 양봉업자들은 벌집에 기생하는 바로아 응애varroa mite 개체수를 줄이려고 꿀벌의 알과 애벌레 그리고 번데기를 모조리 제거하기도 한다.

벌집에서 갓 꺼낸, 아직 온기가 남은 수벌 애벌레는 내가 아는 한 놀라우리만치 오묘한 맛을 지닌 가장 맛있는 음식 중 하나다. 벌집을 가득 메우고 있던 하얗고 통통한 애벌레는 입 안에서 부드럽게 살며시 터지면서 허니듀 멜론honeydew melon과 익히지 않은 개암 그리고 아보카도 맛을 살짝 낸다. 은은한 단맛을 비롯해 혀를 즐겁게 하는 여러 풍미가 긴 여운을 남긴다. 식감은 만족을 넘어서 사치스러울 정도다. 수벌 애벌레는 캐비어보다 무르면서도 옹골지다. 벌이 축적해둔 꽃가루로 가득하거나 따뜻한 꿀을 뚝뚝 흘리는 벌집은 신들의 음식에 견줄 만큼 맛있다. ■

NORDICFOODLAB.ORG

곤충 식용화의 힘
THE POWER OF EATING INSECTS

미래의 단백질 공급원이 되다

글 찰리 리-포터 *Charlie Lee-Potter*   일러스트레이션 존 리치 *John Rich*

식충 옹호자는 여러분의 도움을 간절히 원한다. 바꾸어 말하자면 이미 곤충을 먹는 사람들은 이미 수백 년을 이어온, 지구를 살리는 기쁨을 모두와 함께 나누기를 바란다. 먼저 여러분이 마음의 문을 열도록 통계 수치 몇 개를 나열하고자 한다. 여러분은 이 숫자들 앞에서 충격을 받을 것이다.

세계적으로 8억 7천만 명 이상이 식량 부족을 겪고 있으며, 유엔식량농업기구가 발표한 자료에 따르면 전 세계 콩 생산량의 97%가 가축 사료로 소비되고 있다. 또한 가축은 부동ice-free 육지 면적의 26%를 차지하고, 고기 수요량은 약 35년 뒤에 두 배 이상 증가할 것으로 예상된다. 게다가 온실가스의 18%는 가축 사육에서 비롯된다. 이것은 교통수단이 배출하는 온실가스량을 훌쩍 넘어서는 수치다. 그런데도 우리는 석유 소비와 내연기관이 유발하는 오염을 훨씬 더 걱정한다. 지구를 살리는 해법으로 제안된 전기자동차와 더불어 우리의 식습관 변화가 가져올 수 있는 혜택은 하찮게 여기고 있다.

▶▶▶

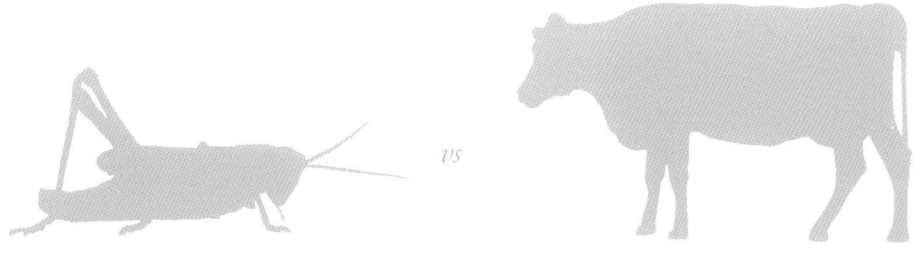

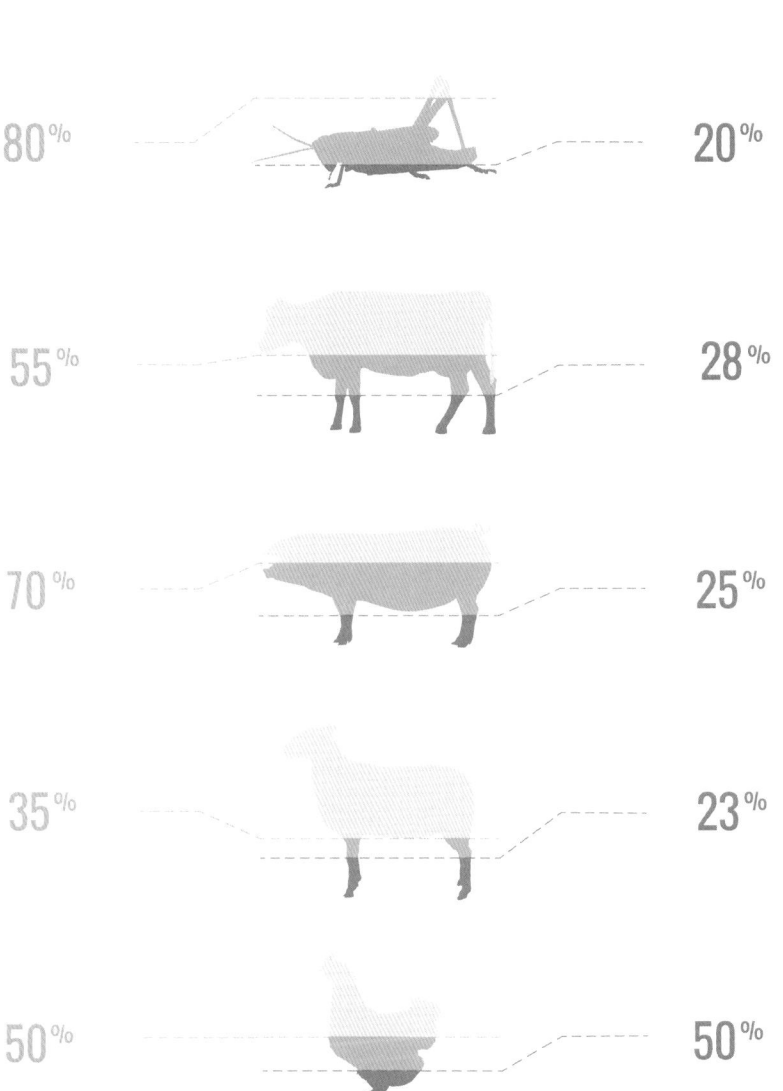

◀◀◀

아프리카의 보츠와나 같은 건조지역에서는 가축이 주요 수분을 소비한다. 미국에서는 부식의 55%, 살충제 사용량의 37%, 인체에 유입되는 항생제의 50%, 민물에 흘러드는 질소의 32%가 식용 가축 때문에 비롯되는 것이다. 이 걱정스러운 수치들을 대하고 나면, 문제 해결 가능성을 지닌 '곤충 식용'이 그렇게 어렵게만 느껴지지 않는다.

유엔식량농업기구에 의하면 아프리카 36개국, 아시아 29개국, 아메리카 23개국을 통틀어 적어도 527종의 곤충을 먹을 것으로 사용한다. 곤충은 육류와 생선보다 단백질을 두 배 더 함유하고 있으며 유익한 비타민과 미네랄 공급원이 되며 아삭한 식감도 자랑한다. 곤충 애호가들은 단단한 껍질에 싸인 작은 곤충을 씹을 때 느껴지는 아삭거림이란 즐거움 그 이상이라면서, 곤충은 향긋한 풍미의 구운 견과와 견줄 만하다고 입을 모은다. 식품생산업체들은 음식을 먹는 즐거움에서 빼놓을 수 없는 것이 씹을 때 나는 소리라는 것을 오래 전부터 알고 있다. 바삭바삭하게 구운 빵, 사과, 셀러리 그리고 팝콘을 떠올려보자.

곤충을 먹는 것은 자기보존 행위이기도 하다. 아프리카의 수단을 비롯한 여러 나라에서는 메뚜기 떼가 삽시간에 엄청난 면적의 농경지를 황무지로 만들어버린다. 메뚜기는 한 마리당 매일 자기 체중만큼의 먹이를 집어삼킬 수 있다. 그런데 메뚜기를 먹는다면 농부들은 성가신 해충으로부터 벗어나면서 단백질 섭취량까지 늘릴 수 있으니 이야말로 앙갚음과 성공을 동시에 이룰 수 있다. '복수는 냉정하게'라는 옛말을 기억하면서 의무를 다하겠노라 맹세하자.

그토록 많은 나라에서, 그토록 많은 사람이 이미 곤충을 먹을거리로 받아들인 지금, 나머지 사람들은 무슨 이유로 고개를 젓는 것일까? 자라면서 잼 샌드위치 사이로 슬금슬금 파고든 엉뚱한 말벌이나 개를 산책시킬 때 입 속으로 날아든 금파리 말고는 곤충을 먹어본 경험이 없다면, 아무리 많은 수치를 들이댄다고 해도 어리분은 좀처럼 생각을 바꾸지 못할 것이다. 그래서 과학자들은 곤충에서 값진 단백질을 추출하고 입맛 당기는, 아니 적어도 거부감이 덜 드는 방법을 찾으려고 노력한다. 오늘날 다양한 식품을 통해 콩 단백질을 섭취하고 있는 것처럼 미래에는 곤충 단백질을 함유한 햄버거, 소시지, 라자냐 그리고 스튜를 먹게 될지도 모른다. 과학자들이 주어진 역할을 훌륭히 해낸다면 우리는 두 번 생각할 필요 없이 곤충 단백질 섭취를 받아들이게 될 것이다. ■

인터루드
Interlude

우리가 좋아하는 것들

알밤
ALBAM

현대적 감성의 남성복

글 로지 섀럿*Rosie Sharratt* 사진 리치 스테이플턴*Rich Stapleton* & 로사 박*Rosa Park*

"솔직히 말해서 인생에는 옷보다 중요한 것이 아주 많아요." 사실 의류 디자인을 업으로 삼는 사람이 할 말은 아니다. 그러나 영국의 독자적 남성복 브랜드 알밤 설립자인 제임스 쇼James Shaw와 알라스테어 레이Alastair Rae에게서는 패션 엘리트주의를 전혀 찾아볼 수 없다. 두 사람은 오히려 눈에 띄지 않는 디자인을 세상에 내놓고자 열정을 쏟고 있다. 제임스는 "좋은 디자인은 절대로 눈에 보이지 않아요."라고 강조한다. 그들은 불필요한 부분을 과감히 덜어낸 옷이 오직 주어진 제 기능을 다할 수 있기를 바란다. 몸에 옷을 걸치고 있다는 사실조차 잊은 채 일에 열중할 수 있도록 해주는 것이 바로 그들의 디자인이다.

2006년 노팅엄Nottingham에서 탄생한 알밤은 창의적인 직업인을 타깃으로 시장에 등장했지만 시간이 흐르면서 세련되고 질 좋은 제품을 볼 줄 아는 이들의 사랑을 받게 됐다. 제임스는 "디자인은 스스로 절제합니다. 우리가 추구하는 미학은 간결함이죠. 아무 쓰임새 없이 성가시기만 하고 불필요한 것은 없애는 거예요."라고 말한다. 알밤의 철학은 군더더기를 떼어버리고 감탄을 자아내는 질 좋은 원단과 솜씨만을 남겨두는 것을 뜻한다. 알밤의 플라이트 백Flight Bag이 완벽한 예다. 디자인팀이 그들의 경험을 바탕으로 비행기 여행에 가장 적합하도록 만든 이 가방은 손으로 하나하나 마무리 작업을 하는데, 순수의 경지가 느껴질 정도로 단순하다. 플라이트 백을 이룬 부드럽고 탄력있는 브라이들 레더bridle leather와 발수처리된 캔버스 소재가 눈길을 사로잡는다.

플라이트 백은 미니멀리즘을 내세워 세계적인 호응을 얻었다. 자질구레한 장식과 가방을 여러 공간으로 나누는 칸막이를 없앤 알밤 플라이트 백만큼 멋을 아는 활동적인 남자에게 잘 어울리는 가방은 없다. 제임스는 "이 가방을 좋아할 수밖에 없을 겁니다. 플라이트 백은 주어진 역할을 다하거든요."라고 말한다. 알밤은 고급스러우면서도 기능성과 내구성을 갖춘 패션아이템을 원하는 사람들에게 만족을 주는 동시에 활동성도 제공한다. "우리는 스포츠웨어 공장에서 솔기 없는 티셔츠를

▶▶▶

"좋은 디자인은 절대로 눈에 보이지 않아요." 그들은 불필요한 부분을 과감히 덜어낸 옷이 오직 주어진 제 기능을 다할 수 있기를 바란다.

◀◀◀

만듭니다. 쓸모없는 것은 뭐든 없애죠. 우리는 복합적인 기능을 소화하는 제품을 추구합니다. 그렇지만 기술적인 측면을 강조하지는 않아요." 제임스는 이렇게 설명한다. 여행 전에 서로 잘 어울리는 알밤의 것들을 골라 플라이트 백에 넣는 장면은 쉽게 상상할 수 있다. 제임스도 단순하면서 기능적인 아이템들을 고른다. "저는 여행을 간다면 셔츠 한 장, 청바지 하나, 눈에 띄지 않는 운동화 한 켤레, 블레이저 하나 그리고 아마도 스카프 한 장을 가져갈 겁니다. 이것만 있으면 어디라도 갈 수 있어요. 여행은 정말 중요한 일이에요." 제임스는 자신이 유행을 타지 않는 스타일과 실용성을 완벽하게 아우르는 알밤 제품을 얼마나 사랑하는지 열띤 목소리로 설명한다. "저는 스포츠를 즐길 때면 우리 제품을 사용합니다. 특히 달리거나 산에 오를 때요. 이런 야외활동의 매력은 새로운 장소를 방문하고 그곳의 숨은 얼굴을 발견하는 거죠. 거추장스러움 없이 그곳만의 숨결을 느낄 수 있답니다."

제임스는 알밤이 성공을 거둔 것은 자신과 알라스테어 레이가 불러 모은 팀원들 덕분이라고 말한다. "저희는 장인 정신과 사람을 중요하게 생각합니다. 알밤은 소규모로 제품을 내놓기 때문에 대량 생산에서는 놓칠 수밖에 없는 것을 살릴 수 있어요." 작업에 영감을 불어넣는 것은 알밤 제품과 연결고리로 얽힌 모든 사람이라고 한다. "일주일에 닷새 동안 하는 일을 아무렇지도 않게 즐기는 사람은 거의 없어요. 그렇게 힘들게 번 돈으로 우리 제품을 구입하는 분들을 생각하면 절로 힘이 나요. 저는 자기가 좋아하는 일을 하는 사람들한테서 영감을 얻습니다. 자기가 하는 일을 사랑하는 사람은 그 일을 정말로 잘하고 싶어 하거든요." ■

ALBAMCLOTHING.COM

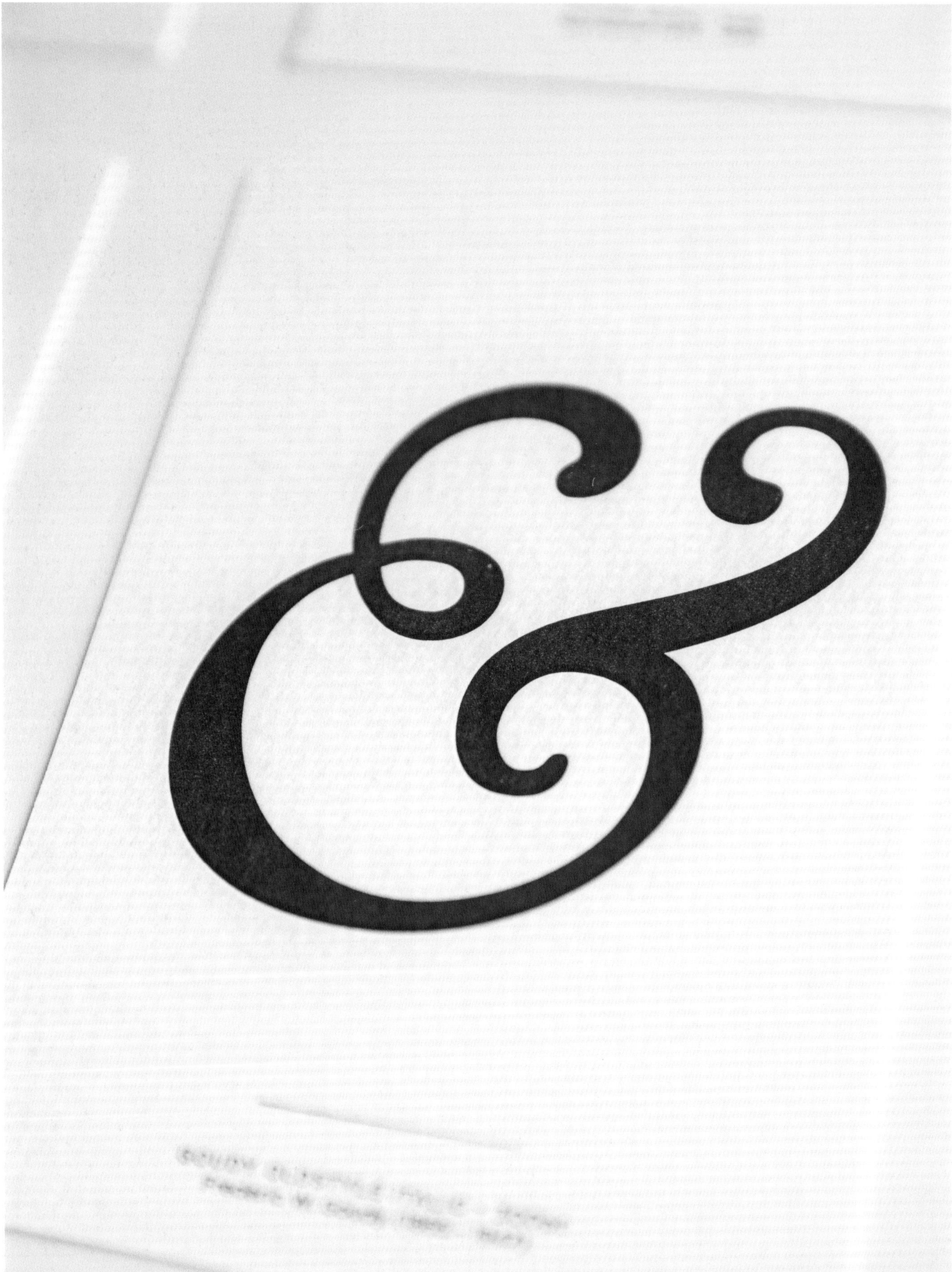

머티큘러스 잉크
METICULOUS INK

현대적인 활판 인쇄, 그만의 감성

글 크리스 세토 *Kris Seto* 사진 리치 스테이플턴 *Rich Stapleton*

디지털 프린팅이 믿기 힘들 만큼 빠른 속도로 인쇄 시장을 주도하지만, 아무리 애써도 컴퓨터 화면 위에서는 흉내 낼 수 없는 물리적인 것이 존재한다.

지난 가을. 우편물을 뒤적이다 봉투 하나가 눈에 띄었다. 겉봉에는 가장 친한 친구가 멋진 손글씨로 쓴 내 이름과 주소가 있었다. 봉투를 열고 도톰한 종이에 활판 인쇄된 아이보리색 카드를 꺼냈다. 카드에 적힌 내용은 단순했다. "웃음을 잃지 마." 울컥하는 기분이 들었다. 질감을 살린 활자를 손가락 끝으로 어루만지면서 깊이감이 느껴지는 선을 감상했다. 그 순간 나는 종이와 타이포그래피가 지닌 힘을 깨달았다.

디자인을 사랑하는 사람들은 전통적인 예술 양식이 되살아나는 것에 열광한다. 특히 활판 인쇄는 최근 몇 년 새에 놀라우리만치 큰 인기를 얻고 있다. 요즘의 인쇄소들과 그래픽 디자이너들은 활판 인쇄라는 해묵은 기술에 현대적인 색채를 더해 신선한 변화를 일으키고 있다.

15세기 중반에 요하네스 구텐베르크Johannes Gutenberg가 발명한 금속활자는 인쇄술에 혁신을 일으키면서 지식의 대중화를 이끌었고, 역사의 흐름을 바꿨다. 구텐베르크는 나무나 금속 블록 하나하나에 글자와 무늬를 새긴 다음 원하는 대로 배치할 수 있는 기계를 만들었다. 그는 배치한 활자 블록에 잉크를 바른 다음, 인쇄기에 올리고 양쪽에서 누르는 금속판의 힘을 이용해 종이에 찍었다. 잉크와 활자 그리고 도판은 이렇게 종이에 손으로 느낄 수 있는 선명한 흔적을 남긴다.

근대에 석판 오프셋 인쇄술이 개발되면서 활판 인쇄술은 20세기에 한물간 기술로 여겨졌지만 열정을 지닌 예술가들 덕분에 그 명맥을 이어왔다. 아울러 인쇄술에 고분자판polymer plate이 도입되면서 더 이상 손으로 글자나 무늬를 새길 필요 없이 감광성 화학약품을 사용해 형판template을 만들 수 있게 됐다. 다시 살아난 활판 인쇄는 이렇게 해서 더욱 활기를 띠기 시작했다.

영국 배스Bath에 자리 잡은 머티큘러스 잉크Meticulous Ink의 공동 소유주인 어티나 콜리-유Athena Cauley-Yu와 찰리 커밍Charlie Cumming이 말하듯 활판 인쇄는 기술 발전에도 여전히 노동집약적인 작업으로 이루어진다. 주문 한 건당 평균 40시간에 달하는 수작업이 필요하다. 그들이 사용하는 큼직한 인쇄기는 1960년대에 제작된 하이델베르크 윈드밀Heidelberg Windmill로, 그 검은빛 금속 재질에서는 신비로움이 느껴진다. TV 드라마 〈트윈 픽스Twin Peaks〉에 등장하는 무시무시한 인물의 이름을 따서 밥Bob과 헤이워드Hayward라는 애칭으로 불리는 머티큘러스 잉크의 인쇄기들은 인쇄용지로 사용하는 순면으로 만든 섬세한 카드나 목재 종이와는 전혀 어울리지 않을 것처럼 보인다.

"참 똑똑한 기계들이에요." 찰리는 이렇게 말한다. "이렇게 크고 무거운 인쇄기가 그토록 정확하고 우아한 결과물을 탄생시키다니 정말 놀라워요."

용지 한 장이 들어갈 때마다 40t의 압력이 가해진다. 종이는 한 번에 한 장씩 인쇄기에 들어가고, 다양한 색과 모양의 활자일수록 그만큼 과정이 반복된다. 인쇄기를 다루려면 레버를 움직일 수 있는 힘과 인쇄 속도를 따라갈 수 있는 민첩함을 모두 갖춰야 한다. 물론 예나 지금이나 이따금 행운이 필요할 때도 있다.

▶▶▶

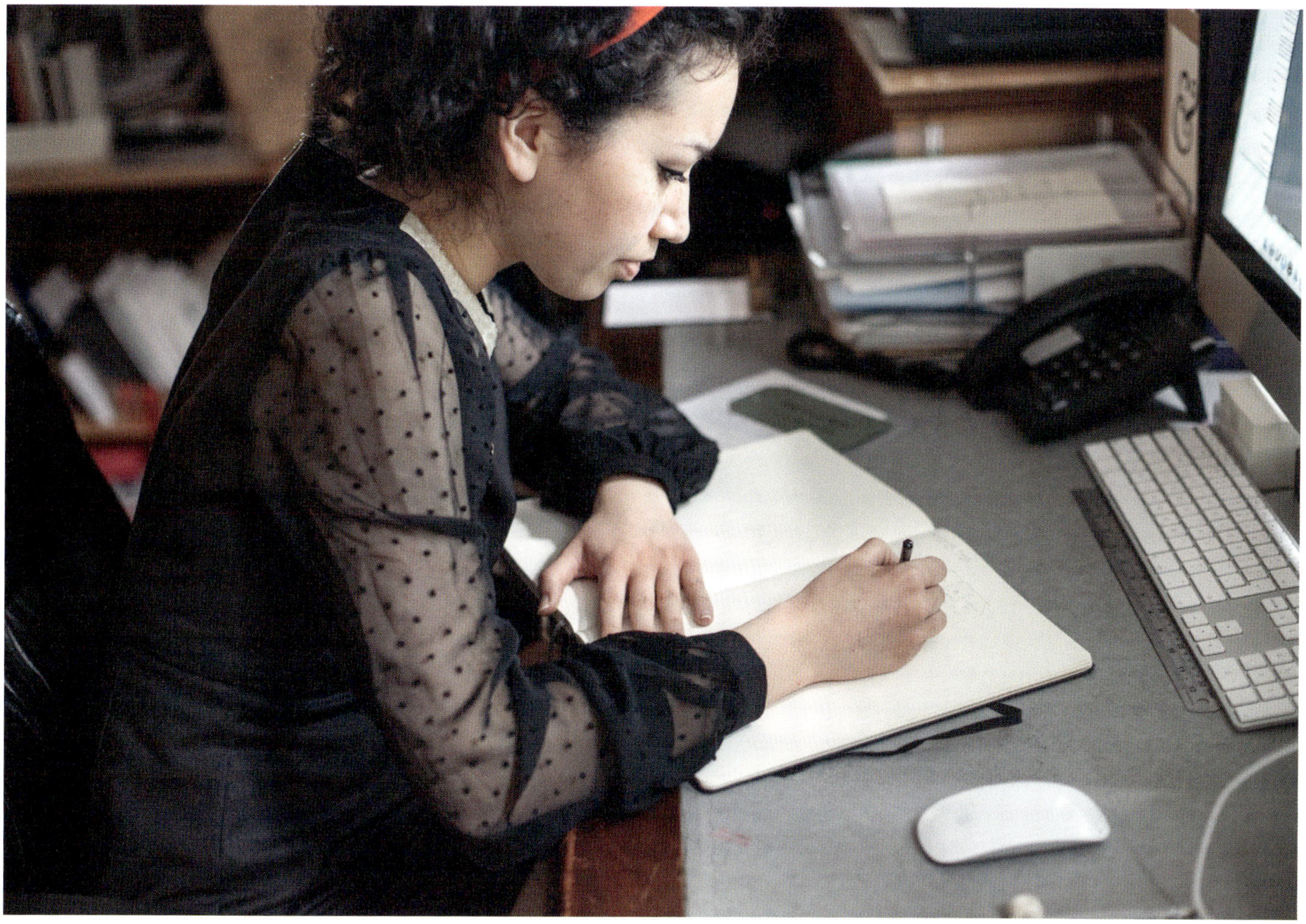

METICULOUS INK
Classic Collection

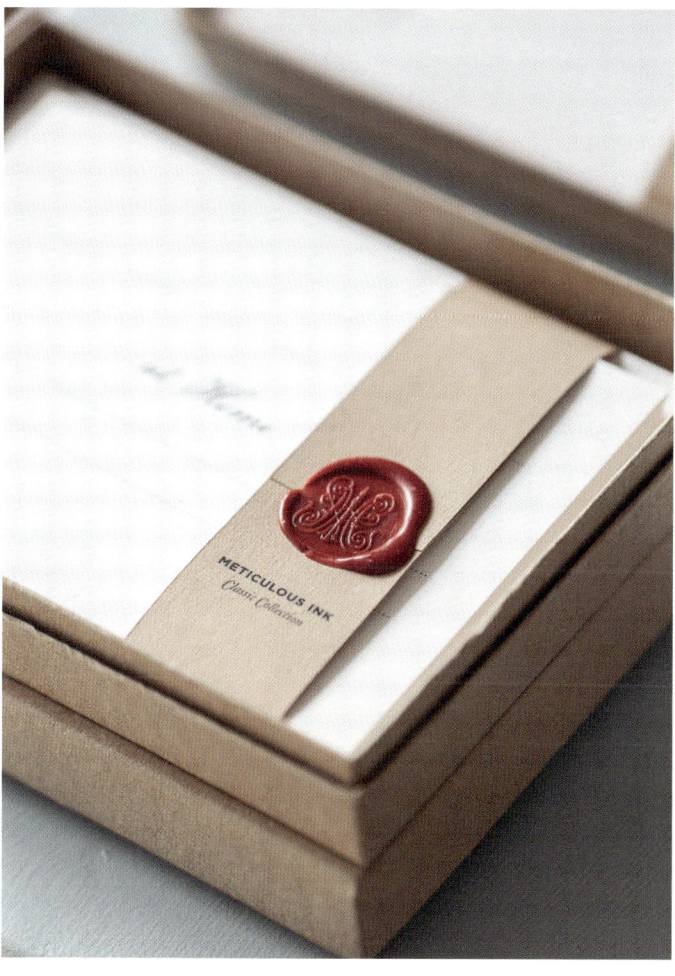

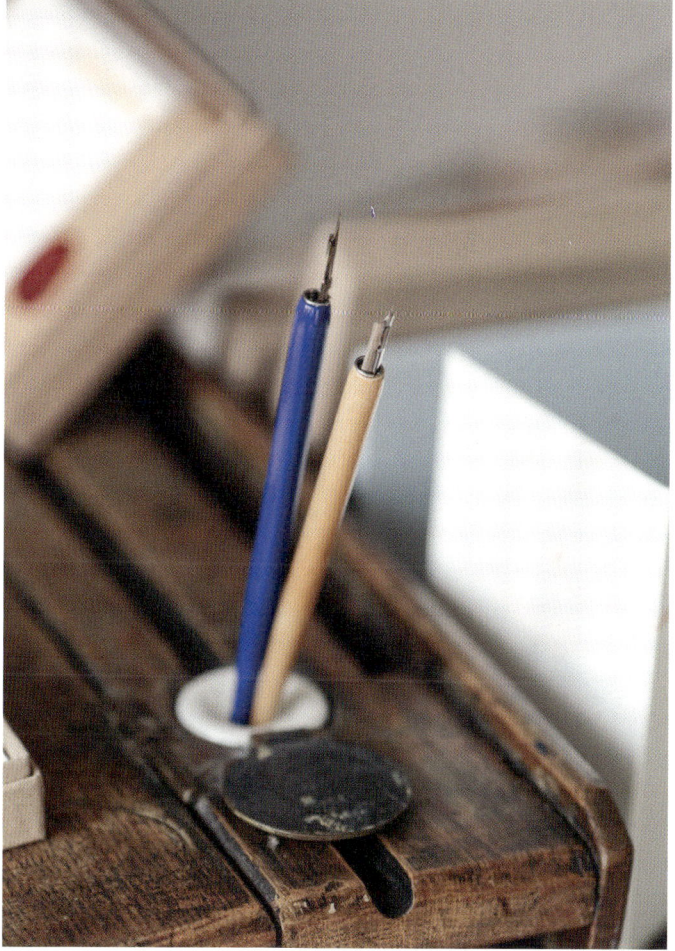

◀◀◀

어티나 : 인쇄기도 쉬는 날이 가끔 있어요. 밥과 헤이워드는 지나치게 낮은 온도를 좋아하지 않아요. 잉크가 성능을 다 발휘하지 못하니까요. 그래서 이렇게 말하죠. "안 되겠어. 오늘은 한 장도 찍을 수 없어."라고요.

찰리 : 그것만 빼고는 늘 기름칠을 하면서 잘 돌봐주기만 하면 밥과 헤이워드는 일을 아주 잘해요.

어티나 : 우리는 주문받은 것보다 40% 정도 더 인쇄합니다. 가장 완벽한 결과물을 고르기 위해서죠.

어티나와 찰리는 작품 하나하나를 만들 때마다 다른 여러 요소에도 정성을 기울인다. 어떤 디자인과 색상 그리고 인쇄용지를 조합해야 최상의 결과를 얻을 수 있을까? 잉크 혼합 비율은 정확한가? 롤러에 잉크를 지나치게 혹은 부족하게 바른 것은 아닐까? 압력은 고르게 가해지는가? 이렇게 애를 쓰면서도 작은 것 하나 소홀히 하지 않는 데다 뛰어난 손재주를 지닌 덕에 어티나와 찰리는 언제나 더할 수 없이 아름다운 작품을, 누구라도 그 안에 깃든 정성을 느낄 수 있는 작품을 만들어낸다.

어티나 : 이 일이 너무 즐거워요. 디자인을 하면서 어떤 멋진 작품이 나오게 될지 상상해요. 하지만 컴퓨터로 하는 레이아웃 작업은 인쇄된 카드를 손에 들어 보고, 무게를 느껴 보고, 프린트 된 활자의 질감을 직접 느껴 보는 것과는 달라요. 언제나 뜻밖의 결과물을 얻죠.

찰리 : 하이델베르크 윈드밀로 작업할 수 있다는 것 그리고 이렇게 아름다운 작품을 만들 수 있다는 건 믿기 힘들 만큼 만족스러운 일입니다.

세계 곳곳에서 활판 인쇄를 업으로 삼고 있는 인쇄소들은 커뮤니티를 이뤄 가슴에 품은 열정을 나누고 있다. 이들이 바로 활판 인쇄라는 예술을 이어가고 있는 주역이다.

찰리 : 우리 모두가 바라는 것은 활판 인쇄술을 이어가는 거예요. 저희는 사람들이 활판 인쇄에 변함없이 관심 가져주기를 한마음으로 바랍니다. 그래서 힘이 닿는 한 서로를 돕죠.

어티나 : 활판 인쇄가 하나의 기술로 점점 더 인기를 얻을 거라고 믿어요. 우리는 사람들이 다양한 인쇄 방법을 하나로 묶고 싶어 한다는 것을 깨달았어요. 그래서 더 야심찬 계획을 세우게 됐죠. 새로운 도전 앞에서 가슴이 뜁니다. 우리는 이제 막 문구 사업을 시작했습니다. 현대적인 활판 인쇄술이 최고의 경지에 이른 모습을 그리고 훌륭한 디자인과 인쇄소가 어떻게 경이로움을 만들어낼 수 있는가를 보여드리고 싶어요.

활판 인쇄여, 영원하라. 찍고 또 찍으면서. ■

METICULOUSINK.COM

| 3 | 코즈웨이 코스트 *Causeway Coast* | U.K. |

COUNTRY	*N. Ireland*	✈	**BFS** *Belfast Int.*	✈	**BHD** *Belfast City*
LANGUAGE	*English*	GBP	£	🪜	*Ballymoney* — OR — *Londonderry*
TOURIST INFO	*causewaycoastandglens.com*	📞	+44 *(Int)*		

노스 앤트림 코스트
NORTH ANTRIM COAST

거인이 만든 길을 따라 걷다

글 리처드 아슬란 *Richard Aslan* 사진 리치 스테이플턴 *Rich Stapleton*

> 우리는 길이 유난히 좁아질 때면 두려움을 느끼면서도 지형학, 지질학 그리고 기상학을 총동원해도 답을 찾기 어려운 자연의 경이로움과 마주친다.

우리는 한낮이 조금 지나서 출발했다. 보슬비는 그쳤고, 말끔히 씻긴 하늘은 높고 푸르다. 구름은 마치 커다란 범선이 미끄러지듯 흘러간다. 우리는 자연 그대로의 모습을 간직한, 눈부신 초록이 무성한 시골을 가로질러 바닷가 쪽으로 걸음을 옮긴다. 북아일랜드 어디에서나 볼 수 있는 까마귀 떼가 이따금 쏟아지는 햇살 속에서 날개를 퍼덕이며 옥신각신 다투는 모습도 보인다. 무서울 정도로 쌩쌩 달리는 차들과 인도가 없는 도로 때문에 밀려드는 긴장감을 가라앉히려고 한껏 공기를 들이마신다. 우리는 오른쪽으로 방향을 바꾼다. 쌩 하고 우리 옆을 지나가는 관광버스 수가 눈에 띄게 늘었다. 자이언트 코즈웨이 Giant's Causeway가 가까워지고 있는 것이다.

이 길에서는 바닷가에 둑길처럼 펼쳐진 6천만 년 전에 생성된 4만 개 남짓한 현무암 기둥이 보이지 않지만 하얗게 벽을 칠한 코즈웨이 인Causeway Inn이 대신 랜드마크가 돼준다. 여행자센터는 오래된 보도 옆에 말쑥한 모습으로 서있다. 우리는 여행자센터가 추천하는 기념품, 바, 호텔, 식당 등을 뒤로한 채 어둠침침한 터널을 지나 로비가 들여다보이는 어느 건물의 오른쪽으로 향했다.

모퉁이를 돌아서 매끄럽고 넓은 보도에 들어서자 대서양에서 불어오는 바람이 온 힘으로 우리를 덮친다. 방수 바지에서는 후드득 하는 소리가 난다. 아담한 만을 끼고 모여있는 돌기둥은 오랜 세월, 바람과 파도에 시달린 탓에 저마다 침식된 흔적을 지녔다. 가장 키 작은 돌기둥이 모여있는 곳은 마치 테라스처럼 보이고 육각형 판돌에는 동그랗게 물이 고여있다. 키 큰 돌기둥들은 철썩이는 파도를 뚫고 산마루처럼 우뚝 솟아있다. 바람은 거센 물보라를 일으키지만 관광객들은 단단히 마음을 먹은 듯 돌기둥을 힘차게 밟으며 오른다. 거인의 장화Giant's Boot, 벌집Honeycomb, 낙타의 혹Camel's Hump 등 쉽게 볼 수 없는, 수백만 년 세월이 만든 침식의 흔적은 우리의 눈길을 사로잡는다. 우리는 가파른 길을 올라 오르간Organ에 도착한다. 동굴 입구를 우뚝 솟은 돌기둥이 가로막고 있다. 기둥 높이는 단애면cliff face의 무려 절반을 차지한다. 오르간을 지나면 양치기의 계단 Shepherd's Steps이 뱀처럼 언덕을 휘감고 있다. 암벽을 깎아 만들어 좁고 미끄러운 계단은 웬만한 용기 없이는 오를 수 없다. 마침내 계단을 다 오른 순간, 샛노란 가시금작화와 푸른 하늘 그리고 청록색 바다가 눈앞에 보일 뿐, 정상에는 우리뿐이다.

▶▶▶

코즈웨이는 어떻게 만들어졌을까

6천 5백만 년에서 6천 2백만 년 전 사이, 활발한 지질활동이 일어나던 시기에 세 차례 정도 일어난 지진에서 분출된 용암이 자이언트 코즈웨이를 이뤘다. 각각의 용암 분출은 화산작용으로 만들어진 현무암 층 사이에, 점토와 철 그리고 알루미늄 산화물을 풍부하게 함유한 붉그스름한 석수laterite 층이 쌓이기에 충분한 시간 간격을 두고 일어났다. 화산 폭발이 일어난 당시에 이 지역은 아열대지역에 속해있었으며 아메리카 동안東岸과 연결돼있었다. 그런데 지각판이 천천히 북쪽으로 이동했고, 수백만 년에 걸쳐서 현무암에 수축과 균열이 일어났다. 독특한 육각형 돌기둥은 이렇게 생겨났다. 이와 비슷한 과정을 거쳐서 형성된 돌기둥을 세계 곳곳에서 볼 수 있는데, 아이슬란드의 스바르티포스Svartifoss, 와이오밍Wyoming의 악마의 탑Devil's Tower, 나미비아Namibia의 트위펠폰테인 오르간 파이프Twyfelfontein Organ Pipes, 한국 제주도의 주상절리가 그 대표적인 예다.

◁◁◁

우리는 절벽 꼭대기에 난 좁은 길을 따라서 동쪽으로 걸음을 옮긴다. 오른쪽에는 철조망이 둘러있고 왼쪽으로는 아담한 들판이 펼쳐져있다. 바람이 들판을 가로질러 바다 쪽으로 몰아친다. 우리는 길이 유난히 좁아질 때면 두려움을 느끼면서도 지형학, 지질학 그리고 기상학을 총동원해도 답을 찾기 어려운 자연의 경이로움과 마주친다. 이따금 옅은 안개가 우리를 훑고 지나간다. 우리는 줄무늬가 새겨진 구불구불한 절벽길을 조금 더 올라가면서 코즈웨이를 기억 속에 담는다.

래슬린Rathlin 섬은 북아일랜드의 유일한 연안 섬으로, 코즈웨이 언덕 위를 걷는 동안 저 멀리서 우리를 지켜보며 줄곧 벗이 돼준다. 길을 따라 걷다가 가장 높은 곳에 오르자, 헤브리디스Hebrides 제도를 이루는 섬 가운데 하나인 아일레이Islay의 남쪽 해안이 실안개를 헤치고 신기루처럼 아스라이 모습을 드러낸다. 우리는 걸음을 멈춘 뒤 바나나와 초콜릿 그리고 베이글을 꺼내 놓고 소풍을 즐긴다. 발이 푹 빠지도록 푹신한 풀밭은 깃털 이불처럼 포근하다. 주황색 라이크라Lycra 옷차림으로 홀로 걷는 사람이 우리 곁을 성큼성큼 지나간다. 우리도 자리를 털고 일어선다. 무성한 가시금작화 덤불이 까마득한 벼랑과 울부짖는 바람으로부터 우리를 보호해준다. 천천히 언덕을 내려가는 발걸음이 가볍다. 길은 반달 모양을 그리는, 자갈투성이 포트 문Port Moon으로 이어진다. 우리는 언덕에서 내려와 아름다운 둔서버릭Dunseverick 항에 다다른다. 바람이 들이치지 않는 바다는 거울처럼 매끄러운 수면을 자랑한다.

우리는 해안도로에 접어든다. 말끔하게 손질된 잔디밭 위에 세워진 집들이 하나둘 우리 뒤로 사라진다. 뒤를 돌아보자 옅은 안개에 휘감긴 절벽이 성벽처럼 보인다. 다음 목적지는 이곳에서 조금 떨어진 화이트 파크 베이White Park Bay다. 우리는 풋말이 이끄는 대로 주차장을 가로지른 뒤 박공지붕을 얹은 하얀 집 앞을 지난다. 유스호스텔인 이곳은 아름다운 경치가 한눈에 내려다보이는 곳에 있다. 우리는 계단을 내려간다. 점점 더 강한 경고를 담은 팻말이 우리를 맞는다. '수영 위험 지역! 역조! 거센 조류! 인명 구조원 없음!' 순한 눈을 가진 어린 암소 떼가 풀을 뜯다 말고 우리를 바라본다. 판자로 문을 막아 둔 허름한 여인숙 너머로 길이가 3km에 달하는 옅은 빛깔의 모래밭이 곡선을 그리면서 펼쳐져있다. 저 멀리 서로 다른 물결이 만나 부딪치면서 새하얀 수평선 속으로 사라진다. 우리는 한동안 멈춰 서서 풍경을 눈에 담는다.

우리는 힘겹게 다시 계단을 올라가 길에 접어든다. 우리는 물집이 잡힌 발과 아직 남은 길을 생각해본다. 모든 멋진 산책은 펍pub에서 끝나게 마련이다. 이번 여행도 예외가 될 수는 없다. 우리는 발린토이Ballinto에 있는 풀러턴 암스Fullerton Arms에 편안하게 자리를 잡고 앉아서 버터와 파를 넣어 버무린 으깬 감자 그리고 '스트로노피strawnoffee'라고 불리는 신기한 디저트를 맛본다. 택시를 잡아타고서 눈 깜짝할 사이에 우리가 묵고 있는 초록색 B&BBed and Breakfast, 코즈웨이 터번Causeway Tavern으로 돌아온다. 6시간 동안 걸은 길이 차로 15분 거리밖에 안 되다니 놀라서 입이 다물어지지 않는다. 택시 기사는 교회 앞을 지나면서 와이퍼를 작동시킨다. 일요일 하늘은 비구름을 잔뜩 품고 있고, 주차장은 차들로 빼곡하다. ■

해안길

길은 서쪽 포일 호Lough Foyle에서부터 동쪽 벨파스트 호Belfast Lough까지, 절경을 자랑하는 해안지대를 끼고 195km 남짓 이어진다. 놓치지 말아야 할 곳으로는 반쯤 허물어진 던루스Dunluce 성, 부시밀즈 양조장Bushmills Distillery, 자이언트 코즈웨이, 30m 상공에 매달린 캐릭-어-리드Carrick-a-Rede 밧줄 다리 그리고 앤트림Antrim의 9개 협곡 등이 있다.

데리 / 런던데리
DERRY / LONDONDERRY

영국 문화 도시가 지닌 다양한 얼굴

글 리처드 아슬란 *Richard Aslan* 사진 리치 스테이플턴 *Rich Stapleton*

> 향 좋은 커피 한 잔에서 기운을 얻은 뒤 보그사이드 거리를 거슬러 걷는다. 자존심 강하고 현실적이면서도 느긋한 데리. 나는 이런 데리를 보기 위해서라면 기꺼이 바다를 건널 것이다.

데리, 런던데리, 도이레Doire. 이곳은 여러 이름으로 불리는 것만큼이나 여러 개성을 지닌 도시다. 우리는 기차로 데리에 도착한다. 기차는 강폭이 넓고 물살이 빠른 포일강을 끼고 새로 건설된 선로 위를 달린다. 우리는 무료 셔틀 버스를 타고 강을 건너서 구시가가 자리 잡은 서안 지구로 이동한다. 강과 성곽도시 사이를 돌아보는 동안 어둠이 내린다. 경찰서의 커다란 강철 문이 우리가 그 앞을 지나가는 순간 스르륵 닫힌다. 경찰서 높은 담에 달린 CCTV 카메라들은 잔뜩 신경을 곤두세우고 있다. 경찰서를 지나자 연장교육대학Further Education College에 붙은 포스터가 눈에 들어온다. 포스터는 '당신의 미래가 바로 여기에서 시작됩니다!'라고 외친다. 우리는 가설물에 가려진 식당 앞에서 걸음을 멈추지만 안타깝게도 이곳은 6시 이후에는 주문을 받지 않는다. 우리는 결국 호텔에 딸린 식당으로 들어간다. 차우더, 갈릭 프라이garlic fries 그리고 에일 ale 맥주를 먹고 마시며 해질녘에 도착한 낯선 곳에서 더 생경한 기분을 느낀다.

이튿날 아침 우리는 옛 모습을 고스란히 간직한 데리의 성벽을 따라 걷는다. 데리는 1689년 포위 작전이 있었던 도시로, 메이든 시티Maiden City라고도 불린다. 이곳은 영국의 통치를 받으면서 런던데리라는 이름도 얻었다. 소박한 모습을 간직한 조용한 이 도시를 걷다 보면 대포와 아일랜드 성공회교회들이 눈에 들어온다. 우리는 세인트 콜럼 성당St. Columb's Cathedral 앞을 지나다가 벽에 바짝 붙어서 거센 빗줄기를 피한다. 걸음을 옮기자 텅 빈 주춧돌 하나가 보인다. 위에 얹혀 있던 기둥과 도시가 포위됐을 당시 이곳 총독이었던 존 워커John Walker의 조각상은 아일랜드공화국군IRA : Irish Republican Army의 공격으로 산산조각 났다. 우리는 강의 서쪽 기슭에서 신교도들이 모여 사는 유일한 거주지인 파운튼 에스테이트Fountain's Estate를 내려다본다. 거주자는 500명이 채 안 된다. 검은 벽에 하얗게 쓴 글씨는 '여전히 포위 상태다. 항복은 없다!'라고 외친다. 방호벽에 둘러싸여 살아가는 기분이 어떨지 나로서는 상상할 수 없다. 곧이어 우리가 닿은 곳은 로열리스트loyalist의 근거지인 어프렌티스 보이즈Apprentice Boys 회관이다. 이곳 역시 IRA의 페인트 투척에 대비해 둘러친 철조망이 건물을 에워싸고 있다. 그러나 효과가 없었던 모양이다. 보라색 페인트가 철제 셔터에 여기저기 튀어있다.

성벽 아래는 전혀 다른 모습의 데리가 숨 쉬고 있다. 눈을 가늘게 뜨고 시선을 모으면 보그사이드 Bogside가 주택지역임을 알 수 있다. 자세히 들여다보면 벽들은 IRA가 그린 벽화로 알록달록하고 거리 곳곳에는 처참한 북아일랜드 분쟁의 역사가 살아있다. 이곳에서 더 올라가면 더 이상 영국 땅이 아닌 아일랜드공화국이다. 1972년 1월 30일 일요일, 낙하산 연대 소속 제1대대는 독자적으로 프리 데리Free Derry임을 선포한 보그사이드의 방어벽을 뚫고 들어왔다. 오후 4시 무렵, 군인은 시민권을 요구하던 비무장 시위대와 주민들 그리고 구경꾼들을 향해 방아쇠를 당기기 시작했다. 결국 총상을 입은 26명 가운데에 절반이 목숨을 잃었다. 2010년, 마침내 사빌 조사단Savile Inquiry은 이날의 일을 '정당하지 않고, 정당화할

▶▶▶

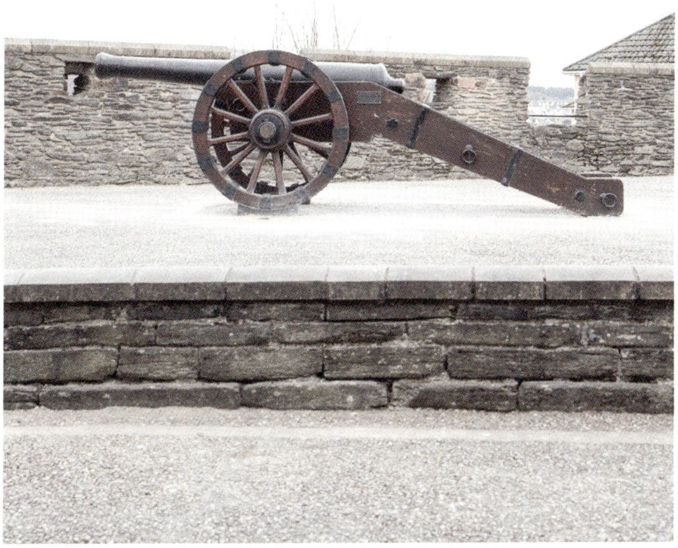
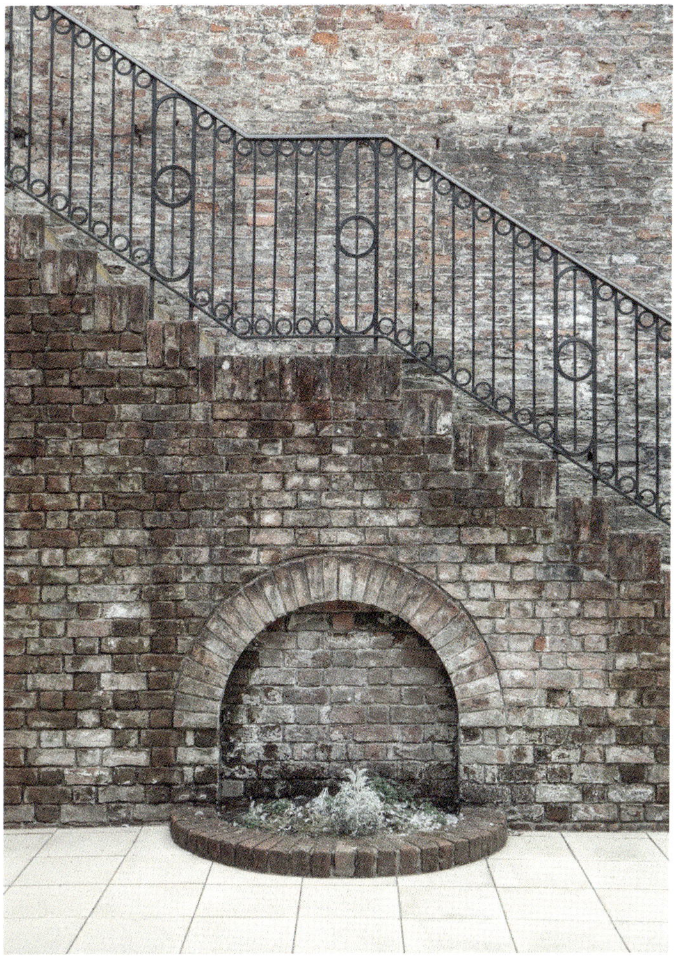
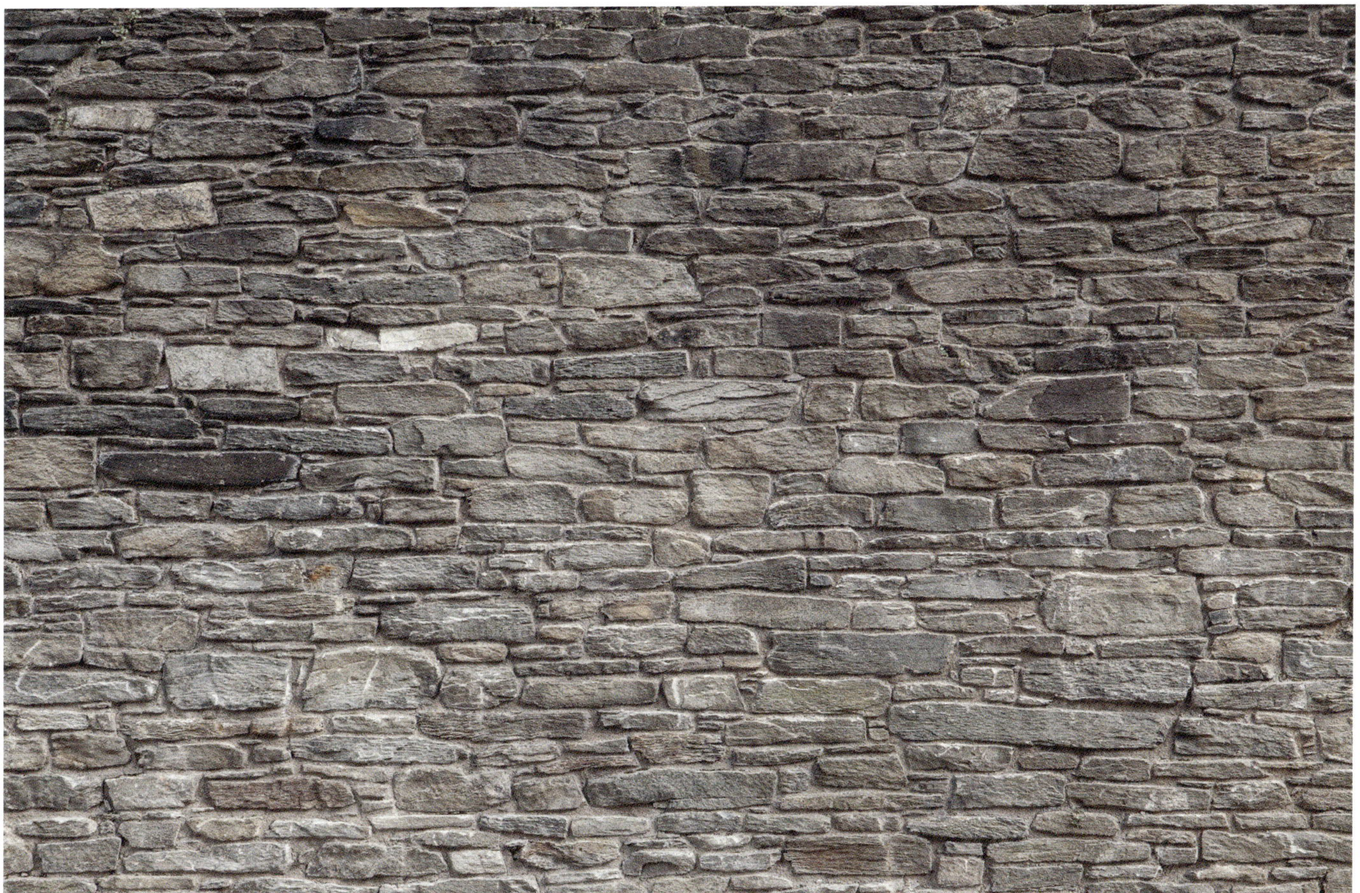

◀◀◀

수도 없는 학살'로 규정했다. 벽에는 '피의 일요일' 희생자들과 단식투쟁 중인 사람들의 야윈 얼굴이 그려져있다. 학살이 벌어졌던 거리는 옛 모습을 잃었지만 주택가 한 박공벽에는 유명한 문구가 있다. '여기부터는 프리 데리입니다YOU ARE NOW ENTERING FREE DERRY'. 화강암을 H 모양으로 깎아 만든 단식투쟁 기념비 근처에 '피의 일요일' 희생자들을 추모하는 기념비가 서있다. 총상 현장의 사진들과 함께 1972년 7월 모토맨 작전Operation Motorman에서 사망한 제임스 시머스 브래들리James Seamus Bradley의 가족이 받은 편지 한 장이 철책에 붙어있다. 이름을 밝히지 않은 국방부 장관 보좌관이 2013년에 쓴 편지에는 이렇게 적혀있다. "그의 사망에 대해 영국 정부가 사과하는 것이 적절하다는 그 어떤 근거도 찾지 못했습니다." 이 작전으로 프리 데리는 독립성을 잃었으며 서유럽에서 삼엄한 무장 지역 중 하나가 돼 22년이라는 세월을 보냈다.

민간 기금으로 운영되는 프리 데리 박물관Museum of Free Derry은 주택가가 끝나는 곳에 평지붕을 얹은 빨간 건물로 있다. 이곳의 간절함이 깃든 글과 역사적 의미가 어린 물건들과 옷, 플래카드와 편지가 들려주는 이야기에는 '피의 일요일'이 있다. 글 하나하나를 읽으면서 눈시울이 뜨거워진다. 출구에는 퍼시 비쉬 셸리Percy Bysshe Shelley가 1819년에 쓴 시 '무질서의 가면극The Masque of Anarchy'과 함께 다음과 같은 글귀가 적혀있다.

> 프리 데리는 더 나은 세상의 한 조각이다. 우리는 인류가 그 세상의 존재 이유를 깨닫게 될 날을 위해서 온 힘을 다해 노력한다. 그것은 모든 악과 억압과 폭력을 깨끗이 씻어낸 세상이며 오직 국민의 뜻이 지배하는, 정의와 법이 하나 된 세상이다. 이곳에서는 정의를 위해서 싸우는 사람이라면 그 누구도 이방인이 아니다. 프리 데리는 투쟁 속에 사그라진, 그 어느 목숨도 잊지 않는다.

박물관 주변 지역은 생기가 넘친다. 길을 따라 조금만 내려가면 가스야드 헤리티지 센터Gasyard Heritage Centre가 나온다. 지역 문화센터 겸 초등학교인 이곳에서는 1980년부터 1981년 사이에 일어난 단식투쟁을 주제로 중앙복도에서 전시회를 열고 있다. 보그사이드가 끝나는 곳에 이르면 눈을 뗄 수 없을 만큼 멋진 아일랜드어 문화예술센터Cultúrlann Uí Chanáin가 있다. 이곳은 사람들과 색채로 넘쳐난다. 우리는 건물 안으로 비스듬히 스며드는 빛을 끝없이 카메라에 담는다. 향 좋은 커피 한 잔에서 기운을 얻은 뒤 보그사이드 거리를 거슬러 걷는다. 자존심 강하고 현실적이면서도 느긋한 데리. 나는 이런 데리를 보기 위해서라면 기꺼이 바다를 건널 것이다.

데리는 우리가 떠나기 전에 또 다른 얼굴을 보여준다. 데리 곳곳에서는 한 해 동안 다양한 행사가 열린다. 자홍색과 주황색 깃발이 펄럭이는 드넓은 광장이 펼쳐져있다. 타맥tarmac 포장을 한 바닥 위에 반영구적인 콘서트홀도 세워졌다. 우리는 한동안 이곳에 앉아 주위를 둘러본다. 텅 빈 군계 건물의 굳게 닫힌 창에는 창살이 쳐있다. 나는 곰곰이 생각에 잠긴다. 데리가 내 고향이라면 이곳에서 나는 어떤 기분을 느낄까? ■

위의 글귀 인용을 허락해준 프리 데리 박물관에게 감사를 전한다. 인용된 글귀의 저작권은 프리 데리 박물관에 있다.

| 4 | 레이캬비크 *Reykjavik* | ICELAND |

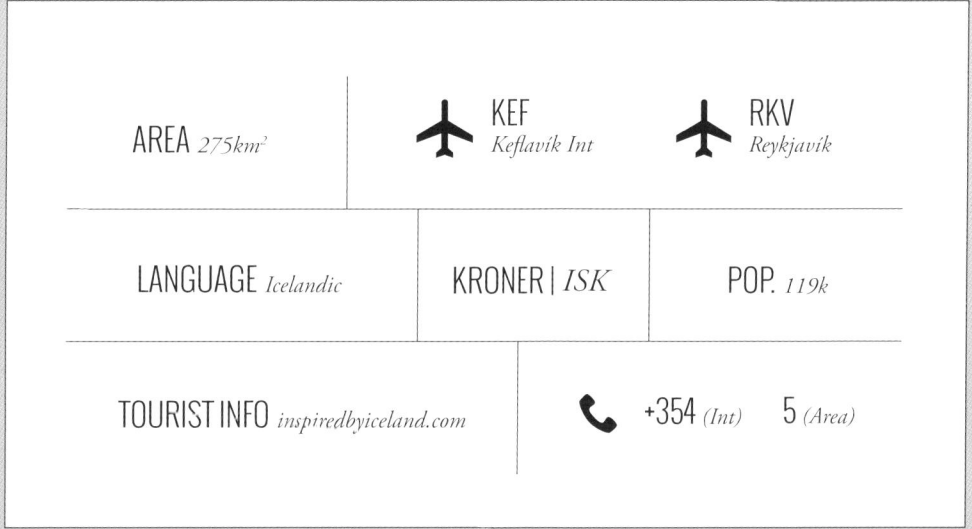

하르파
HARPA

시티센터에 유리로 지은 대작

글 폴 설리번 *Paul Sullivan* 사진 리치 스테이플턴 *Rich Stapleton*

> 건축학적으로 인상 깊고, 문화적으로 중요한 이 공연장은 레이캬비크 항구에서 빛을 받아 어른거리며 보는 이를 유혹한다.

2011년 나는 레이캬비크 공연장 객석 의자에 앉아서 800여 명의 관객들과 함께 비요크 귀드뮌트스토우티르Björk Guðmundsdóttir가 올해 발표한 앨범 〈바이오필리아Biophilia〉에 수록된 곡들을 노래하기를 기다리고 있다. 비요크의 명성을 생각하면 이 공연은 가족적인 분위기다. 더군다나 그녀는 고향에서 공연하는 일이 드물기 때문에 객석은 기대감에 찼다. 비요크는 거대하게 부풀린 빨간 머리와 밝은 금속성 청색 드레스의 강렬함을 선보이면서 무대에 오른 뒤 테슬라 코일Tesla coil과 전자 파이프오르간에서부터 황금색 의상을 입은 24명의 여성합창단에 이르기까지 모든 것을 공연에 녹아들게 한다.

그녀가 일찍이 슈거큐브스The Sugarcubes와 함께 작업하고 수준 높은 솔로 활동을 펼치면서 레이캬비크 라이브 음악 무대에 활기를 불어넣은 것은 사실이지만, 이 도시 최고의 스타는 이 현대적인 팝 공연이 펼쳐지고 있는 이 공연장이다.

건축학적으로 인상 깊고, 문화적으로 중요한 이 공연장은 레이캬비크 항구에서 빛을 받아 어른거리며 보는 이를 유혹한다. 공연장의 이름은 '하프'를 뜻하는 아이슬란드어로, 고대 스칸디나비아 역법曆法에 따른 여름이 시작되는 달의 이름에서 유래한다. 도심과 바다를 동시에 굽어보는 하르파는 높이 43m, 총면적 1만 2,000m²인 반투명 유리가 에워싼 건물 내부 바닥 면적은 무려 2만 8,000m²에 달한다. 다채로운 색으로 칠해진 깜찍한 3층짜리 목조 주택이 주를 이루는 도시에서 하르파는 쉽게 눈에 띈다.

아이슬란드 정부와 레이캬비크 시가 공동 소유한 이곳은 아이슬란드 심포니 오케스트라Iceland Symphony Orchestra와 아이슬란드 오페라Icelandic Opera가 둥지를 틀고 있다. 건물 설계는 헤닝 라르센 아키텍츠Henning Larsen Architects, 덴마크 엔지니어링 회사인 람뵐Rambøll, 독일 기업인 아트엔지니어링 GmbH, 이 지역 업체인 바테리드 아키텍츠Batteríið Architects 그리고 덴마크계 아이슬란드인 예술가 올라퓌르 엘리아손Olafur Eliasson이 맡았다. 첨단 음향 시설은 아텍 컨설턴츠Artec Consultants Inc가 제작 설치했다. 많은 사람이 작업에 참여했지만 가장 주목을 받은 것은 엘리아손이었다. 하르파를 이야기할 때 가장 먼저 떠올리게 되는 환상적인 건물 외관을 디자인했으니 당연한 일인지도 모른다.

엘리아손은 유리 전문가와 작업을 하면서 다면각 유리 블록으로 수학적 구조와 지질 구조, 특히 아이슬란드 고유의 육각형 현무암 기둥을 재현하려고 애썼다. 건물의 북쪽 면과 남쪽 면은 다채로운 빛을 반사할 뿐 아니라 다양한 조명과 재질로 갖가지 색을 나타낸다. 낮 동안에는 이 '모조 벽돌들'은 아이슬란드 도시가 지닌 특유의 분위기에 다양한 미학을 더해준다. 또 이것은 빛이 건물 안으로 스며드는 통로가 되기도 하고, 레이캬비크의 장엄한 바다와 산이 한눈에 내다보이는 멋진

▶▶▶

◀◀◀
전망을 선물하기도 한다. 어둠이 내리면 다면각 유리블록은 LED 전구에서 내뿜는 다양한 빛으로 은은하게 빛난다.
'자연'이라는 테마는 건물 내부에도 깃들어있다. 내벽은 화산재를 떠올리게 하는 회색이고, 입구에 들어서면 보이는 중앙 로비는 산악지대의 단층지괴처럼 완만한 경사를 이루면서 위층으로 이어진다. 가장 큰 네 개 홀은 아이슬란드에서 볼 수 있는 자연 요소에서 그 이름을 얻었다. 북극광 노르뒤리오우스Norðurljós, 방해석 결정체 실퓌르페르크Silfurberg, 차가운 석호 칼타로운Kaldalón 그리고 엘트보르크Eldborg. 그중 1,800석 규모의 대형 콘서트홀 엘트보르크는 용암처럼 붉은 실내를 자랑한다. 레이캬비크 공연장은 건축계에서도 그 작품성을 인정받았다. 2013년 하르파는 세계적으로 가장 권위있는 건축상 중 하나로 EU가 수여하는 미스 반 데 로에Mies van der Rohe 상을 수상한 바 있다.

대단한 건물을 짓는 데는 큰돈이 필요하고, 논란이 일어나게 마련이다. 하르파 건설에는 어림잡아 15억 아이슬란드 크로나(약 1,500억 원)가 소요됐다. 심각한 금융 위기가 닥치자, 인구가 겨우 32만 명 남짓한 나라에서 엄청난 비용을 들여 건물을 짓는 것은 과대망상증 환자의 사치로 여겨졌다. 하지만 비난에 앞서 하르파 건설 배경을 살펴봐야 한다. 하르파는 아우스튀르하픈Austurhafn 지역의 대대적인 재개발 사업의 일환으로, 금융 위기 이전에 구상된 것이다. 재개발이 실현된다면 레이캬비크 세계무역센터World Trade Centre Reykjavik라고 불리게 될 예정이었다. 아이슬란드 은행가들이 품었던 오만한 야심에서 비롯된 무역 센터 계획은, 호화 호텔과 고급 백화점, 소매점, 식당 그리고 프로젝트 진행의 중심에 있던 아이슬란드 은행 란트스방키Landsbanki가 입주할 새 사옥 건설도 포함하고 있었다.

그러나 세계무역센터 건설은 금융 위기가 닥치면서 수포로 돌아갔고, 하르파 역시 빛을 보지 못할 뻔했다. 다행히 전직 희극배우이자 새로 시장으로 취임한 조운 그나르Jón Gnarr가 시민들에게 도움을 청한 덕분에 하르파가 건설될 수 있었다. 그는 하르파가 완공되면 레이캬비크도 제대로 된 음악 공연장을 갖게 될 거라고 시민들을 설득했다. 역동적인 음악 문화가 꽃을 피우는 나라인 만큼 그나르의 주장이 시민들의 마음을 움직인 것이다.

하르파는 아이슬란드 심포니 오케스트라는 물론, 시귀르 로우스Sigur Rós에서부터 거스거스GusGus에 이르기까지 활발한 활동을 하는 레이캬비크 출신 뮤지션들과 폴 오우스카르Páll Óskar 같은 팝스타 그리고 이곳에서 공연하는 타국의 뮤지션들에게 정교한 설비를 갖춘 무대를 제공하면서 제 몫을 톡톡히 하고 있다. 하르파는 레이캬비크 연례 음악축제인 아이슬란드 에어웨이브즈Iceland Airwaves가 열리는 장소기도 하다. 아울러 잘 알려진 바르셀로나의 뉴미디어 페스티벌인 소나 바르셀로나Sonar Barcelona를 모티브로 한 소나 레이캬비크Sonar Reykjavik가 2013년에 이곳에서 개최되기도 했다.

하르파가 레이캬비크에 '대도시' 분위기를 더해주고 있는 것은 틀림없다. 만족을 모르는 은행가들의 강한 허영심에서 비롯됐지만 경제 위기 앞에서도 문화를 희생할 수는 없다는 국민의 의지가 상징이 된 이 프로젝트에서 시적인 면모가 느껴지기도 한다. ■

Harpa, Austurbakki 2, 101 Reykjavík, Iceland
EN.HARPA.IS

철로 빚어내다
FASHIONED IN IRON

레이캬비크의 골함석집

글 발제르뒤르 소우로트스토우티르 *Valgerður Þóroddsdóttir* 사진 리치 스테이플턴 *Rich Stapleton*

레이캬비크 거리에서는 알록달록한 빛깔과 네온 색조가 넘실대는 향연이 펼쳐진다. 매서운 겨울날 쌓인 눈 속에서 골함석집이 그리는 물결무늬는 아름답게 기하학적인 모양을 만들고, 여름날 한밤의 북극 태양 아래에서 도시는 강렬한 색으로 일렁인다. 레이캬비크는 전혀 획일적인 도시가 아니다. 특히 구시가인 도시의 서쪽 지역에 접어들면 외부에서 흘러든 온갖 양식과 영향이 뒤섞여있고, 갖가지 형태와 크기와 색이 뒤범벅되어있다.

레이캬비크의 집들은 계획 없이 뒤늦게 산업 개발된 도시의 독특한 '젊은' 역사를 보여준다. 이곳 건축물들이 한데 어우러져 만드는 풍경은 여러모로 레이캬비크의 젊은 정신과 힘찬 에너지를 드러낸다. 이웃한 스칸디나비아 국가들의 수도와 비교할 때 레이캬비크는 십대 아이와 같다. 대담하고 활기찬 그리고 화려한 색을 입고서 쉴 새 없이 변하고 있는 레이캬비크는 한창 때를 사는 도시다.

아이슬란드에 사람이 모여살기 시작한 것은 872년 무렵이지만 18세기 말이 돼서야 도시 개발이 시작되었다. 레이캬비크에 지금도 남은 가장 오래된 건물은 정착민이 도착하고 1,000년이 지난 뒤인 1765년에 세워진 나무집이다. 1786년 덴마크가 무역 독점권을 잃게 되자 아이슬란드는 중요한 교역 장소로 떠올랐다. 외국 무역상들이 들어오면서 노르웨이와 덴마크의 전통적인 건축 양식이 흘러들기 시작했다. 하지만 전통적인 뗏장집 건설은 19세기가 막을 내릴 때가 돼서야 아이슬란드의 경제적, 구조적인 부분에서의 개발 사업과 맞물리며 서서히 자취를 감췄다. 아이슬란드인이 현지 건축 양식에 큰 변화를 가져온 골함석을 처음 수입한 것이 바로 그 무렵. 1875년이었다. 아이슬란드인은 영국에서 생산된 이 새로운 건축 자재와 자신들이 기르던 양을 맞바꿨다. 당시 노르웨이에서 들여온 스위스 샬레chalet(스위스 산간 지방의 지붕이 뾰족한 나무집) 양식으로 조립식 나무집을 짓기 시작하면서 그 외부를 골함석으로 마감했다.

건축 자재로는 저렴한 골함석은 개발도상국의 거주지 조성에 주로 사용되는데, 과거 대영제국의 식민지였던 나라에서도 눈에 띈다. 스칸디나비아 제국 중에서는 유독 아이슬란드만이 골함석을 주택 자재로 활용했다. 풍부한 목재를 보유한 이웃 국가들은 헛간이나 별채에만 골함석을 사용했다. 골함석은 목재 마감재를 대신하면서 건설 비용 절감에 도움이 됐을 뿐 아니라 골격을 이룬 값비싼 목재가 숨을 쉬도록 해줬고, 비와 바람은 물론이고 화재로부터 보호해줬다. 아이슬란드 건축업자들은 이렇게 노르웨이에서 들여온 집의 건축 양식을 영국 자재와 접목해서 현지에 맞게 변형시켰다.

산업혁명의 바람은 아이슬란드에 20세기가 돼서야 불어왔다. 아이슬란드가 개발도상국에서 주로 사용하는 자재를 달갑게 받아들인 것은 당연한 일인지도 모른다.

1915년 큰불이 일어나 집 열두 채가 재로 변한 사건이 있은 뒤, 레이캬비크에서는 나무집 건설이 금지됐지만 골함석은 여전히 아이슬란드 곳곳에서 콘크리트 건물의 지붕재로 사용됐다. 골함석이 녹슬지 않게 하려면 페인트칠을 해줘야 하는데, 아이슬란드인들은 저마다의 취향을 따를 뿐, 색의 대담한 선택과 과감한 조합을 꺼리지 않는다. ■

아이슬란드의 말
ÍLENSKI HESTURINN

아이슬란딕

글 로비 로렌스 *Robbie Lawrence* 사진 리치 스테이플턴 *Rich Stapleton*

바이킹 시대에 스칸디나비아인이 애지중지하던 북유럽의 말을 9세기에 처음, 바위투성이 레이캬네스카지Reykjanesskagi 반도로 데리고 온 순간부터 이 말은 아이슬란드인의 삶에 없어서는 안 될 존재가 됐다. 오늘날 '아이슬란딕Icelandic'이라는 이름의 품종으로 알려진 이 말은 지난 세월 동안 아이슬란드의 사회와 문화 곳곳에 자취를 남겼다.

바이킹 시대 사람들은 아이슬란딕을 북유럽 신들의 상징이라 떠받들며 물건을 나르거나 밭을 갈 때 꼭 필요한 존재로 여겼다. 이주자들은 이러한 믿음을 가슴에 품은 채 아이슬란드에 발을 들였고 이 말이 지닌 상징성은 대대로 이어져왔다. 아이슬란드 문학 작품에는 아이슬란딕이 얼마나 고귀한 존재로 여겨졌는지 생생하게 묘사돼있다. 매브 시코라Maeve Sikora는 아이슬란딕의 매장埋葬을 다룬 수필에서 흐라픈켈스 영웅담Hrafnkels saga의 한 구절을 인용해 이 말의 신성함을 보여준다. 이 영웅담의 주인공은 한 남자가 자신의 말을 탐으로써 불경을 저질렀다는 이유로 그를 죽였는데, 이 대목으로 아이슬란드인의 사상을 알 수 있다. 아이슬란딕은 높은 지위를 드러내는 소유물이기도 했다. 족장이 사망하면 그가 타던 말도 함께 매장되고는 했다. 당시에 고기를 먹는다는 것이 부유층조차 누리기 힘든 호사였음을 생각하면 아이슬란딕의 가치를 잘 보여주는 사실이다.

스칸디나비아의 옛 상선 크노르knörr에는 제한된 공간 탓에 아이슬란드 개척에 꼭 필요한 것만 실을 수 있었다. 스칸디나비아인이 새로운 정착지를 향한 여정에 수백 마리의 아이슬란딕을 데리고 간 것은 그들이 땅딸막하고 튼튼한 이 말에게 얼마나 큰 믿음을 갖고 있었는가를 증명한다. 다부지고 가슴이 두툼하며 거친 털이 온몸을 뒤덮은 아이슬란딕은 중앙 유럽의 짐마차 말이나 군마와는 생김새가 딴판이지만, 험난하고 아찔할 만큼 가파른 북유럽 땅을 능숙하게 누비고 다닌다.

▶▶▶

◀◀◀

산악지형인 아이슬란드에는 도로 건설이 쉽지 않았기 때문에 아이슬란딕은 이주가 시작되고 곧바로 사회를 구축하는 데 없어서는 안 될 존재였다. 연구자인 윌리엄 B. 콜린스William B. Collins는 "개척이 시작된 이래로 20세기 초에 이르기까지, 아이슬란딕은 사람과 물자의 유일한 이동 수단이 됐다."라고 말한다.

아이슬란딕은 수레와 쟁기를 끌었고, 깊고 차디찬 강을 헤엄쳐 건넜으며, 왕진을 떠나는 의사와 아이를 받으러 가는 산파를 등에 태웠고, 관을 묘지까지 실어 날랐다.

아이슬란드의 옛 의회인 알싱Althing은 아이슬란딕의 순수한 혈통을 지키기 위해서 982년에 말 수입을 금지하는 법령을 선포했는데, 놀랍게도 오늘날까지 그 효력이 유지되고 있다. 아이슬란딕를 벗어난 말은 두 번 다시 돌아올 수 없다. 혹시라도 아이슬란딕을 전멸시킬지 모를 외국의 질병균이 유입되지 못하게 보호하기 위해서다. 이런 노력 덕분에 아이슬란딕은 최고의 건강을 자랑하며, 엄격한 선별번식과 보호를 통해 사나운 눈보라와 화산 폭발로 인한 가뭄 속에서도 생존할 수 있는 능력을 지니게 되었다. 존 브룩스 IIIJohn Brooks III는 "시베리아에서 볼 수 있는 야쿠티안Yakutian을 빼고 나면 척박한 환경에 이토록 잘 적응한 말은 없다."라고 말한다.

아이슬란딕의 순수 혈통에서 비롯되는 가장 큰 특징은 세 가지 보행법만 가진 다른 품종의 말과 달리, 뚜렷이 구별되는 다섯 가지 보행법을 지녔다는 점이다. 아이슬란딕이 특별히 지닌 보행법 가운데 가장 유명한 것은 '푈트tölt'다. 푈트는 네 박자의 리듬을 지닌 보행법으로, 언제든 적어도 발 하나는 땅에 닿아있다. 푈트는 체공 상태를 없애기 때문에 오랜 시간 동안 불편함 없이 말에 앉아있게 해준다. 그래서 양치기나 긴 여행을 하는 사람들은 푈트를 좋아했다. '스케이드skeið' 혹은 '플라잉 페이스flying pace'라고 알려진 다섯 번째 보행법은 두 박자의 리듬을 지닌 경마용 보행법이다.

아이슬란딕을 직접 만나고 올라타보고 싶다면 레이카비크 외곽에 있는 이슬렌스키 헤스튀린 투어Islenski Hesturinn Tours에 가보자. 하루가 걸리는 이 투어는 도시를 빙 둘러 굽이치는 골짜기로 관광객을 안내하고 아이슬란딕에 대해서 더 많은 것을 알게 해준다. 아이슬란딕은 기백이 넘치는 것으로 알려져있지만 차분한 성격을 지녔으며 사람과 교감을 나눌 줄 안다.

아이슬란딕은 오늘날에도 민족 정체성을 상징하는 것 중 하나로 꼽힌다. 더 이상 국가 경제를 이끌어 가는 원동력은 아니지만 아이슬란딕은 경마, 양치기, 승마 체험 등에 꼭 필요한 주인공 역할을 하면서 아이슬란드인의 삶에 깊숙이 자리 한다. 아이슬란딕은 부족함 없는 사육 환경 속에서 행복하게 자란다. 주로 방목을 하는데, 아이슬란딕이 건강미 넘치는 자태와 강인한 기질을 뿜내는 것은 어쩌면 자유롭게 뛰놀기 때문인지도 모른다. ■

오로라 보리애리스
AURORA BOREALIS

북극광

글 리처드 아슬란 Richard Aslan 사진 리치 스테이플턴 Rich Stapleton

북극광은 북극을 중심으로 반지름 약 2,500km 범위에 속하는 극광대auroral zone에서 가장 흔히 볼 수 있다. 이 드넓은 지역은 아이슬란드뿐 아니라 그린란드, 스칸디나비아 북부, 시베리아의 꽁꽁 얼어붙은 지역, 캐나다와 알래스카의 눈 덮인 일대를 아우른다. 더 남쪽으로 내려온 곳에서도 북극광을 볼 수 있지만 멀어질수록 빈도와 강도가 감소한다.

아이슬란드에서는 북극광을 '노르뒤리오우스norðurljós'라고 부르고, 북극광의 학명인 '오로라 보리애리스'는 라틴어로 '북녘 아침노을'을 뜻한다. 핀란드인은 불꽃처럼 반짝이는 눈송이를 꼬리로 흩뿌리는 북극여우에 얽힌 전설을 떠올리면서 북극광을 '레본툴렛revontulet' 또는 '여우 불'이라고 부른다. 이뉴잇족은 북극광을 살해된 아기들의 영혼이라고 믿으면서 불길한 것으로 여겼다. 이뉴잇의 옛이야기에는 북극광이 출현하면, 쿵 부딪치거나 우지끈 부러지거나 살랑살랑 속삭이는 소리가 들렸다고 묘사하기도 한다. 현대 과학은 알토대학교Aalto University가 진행한 연구를 통해 2012년이 돼서야 이 '대단히 드물게' 나는 소리가 실제로 존재함을 확인했다. 노르웨이 신화는 북극광을 전설적인 여전사 부대 발퀴뤼르valkyrjur의 갑옷에서 반사되는 빛이라고 말한다.

이 화려한 장관은 1억 5천만 km 떨어진 곳에서 소용돌이치며 펄펄 끓는 무시무시한 우주의 가마솥, 바로 태양에서 비롯된다. 끊임없이 표면에서 폭발을 일으키고 있는 태양은 태양대기에 분자 형태의 가스를 배출하며 엄청난 양의 양성자와 전자를 방출한다. 이 전기를 잔뜩 품은 미립자들은 태양 자전에서 발생하는 거친 힘에 떠밀려 태양자기장 안으로 들어가고 태양풍에 실려 우주를 여행한다.

지구자기장은 이 사나운 태양의 공격으로부터 우리를 보호한다. 나비 날개 모양이나 커다란 8자 모양을 그리면서 지구를 감싸는 자기장은 전기를 띠는 입자들을 막아낸다. 그러나 상대적으로 북극과 남극 부근의 자기장은 약한데, 일부 대전입자는 바로 이곳을 통해서 지구 대기권에 들어와 대기를 이룬 가스와 충돌하면서 아름다운 빛을 발한다. 질소는 보라색 또는 군청색 오로라를 만들고 초고층 대기에 분포하는 산소는 보기 드문 붉은 오로라를 만든다. 대전입자는 대기 하층에 풍부하게 분포하는 산소와 부딪치면서 초록색과 노란색 빛을 낸다. 남극 대륙과 주변 바다에서는 남극광을 볼 수 있는데 북극광과 남극광은 동시에 생겨나며 서로 거울에 비친 허상과 같다. 북극광과 남극광을 한데 묶어 극광이라고 부르기도 한다.

오로라는 구름층 위, 지상에서부터 약 80~640km 사이에서 물결친다. 북극광을 관찰하고 싶다면 밤하늘이 맑은 날을 골라야 한다. 빛공해로부터 가능한 한 먼 곳으로 가는 것이 좋고, 밝은 달도 피하는 것이 좋다. 그러나 맑은 밤하늘만 기다린다면 실망감에 몸서리칠지 모른다. 북극광은 악명 높을 정도로 언제 나타날지 예측하기 어렵다. 모든 것은 머나먼 곳에 떠있는 태양에 달려 있기 때문이다. ■

아이슬란드어
ICELANDIC LANGUAGE

정체성을 묻다

글 리처드 아슬란 Richard Aslan 사진 리치 스테이플턴 Rich Stapleton

mosi | moss

snjór | snow

아이슬란드어는 모진 바람이 몰아치는 유럽의 서쪽 끝에서 32만 2천 명 인구가 사용하는 언어다. 미니멀리즘을 이야기할 때면 스칸디나비아인이 떠오르는데 그들이 사용하는 언어도 빼놓을 수 없다. 그러나 아이슬란드어는 이들 언어와 밀접한 관계를 갖고 있으면서도 전혀 단순하지 않다. 사악하리만치 복잡한 아이슬란드어는 세 가지 성(남성, 여성, 중성)과 네 가지 격(주격, 대격, 여격, 소유격)을 자랑스럽게 내보인다. 상황에 맞게 단수와 복수로 변형시키면 '말horse'을 뜻하는 'hestur'는 hest, hesti, hests, hestar, hesta 그리고 hestum가 된다. 형용사 또한 명사의 성, 격, 수에 따라 다양한 형태로 변하고 동사는 능동태, 수동태, 중간태, 직설형, 명령형, 가정형으로 활용된다. 게다가 1부터 4까지의 숫자마저도 성과 격에 따라 변한다. 숫자 3은 일곱 가지(pr / prj / prj / prj / prem / premur / priggja) 형태가 있고 1은 무려 열두 가지(einn / ein / eitt / einna / einum / einni / einu / eins / einnar / einir / eina / einar)로 변한다.

언어는 역사적 기록을 보더라도 단순화의 방향으로 진화한다. 그러나 현대 아이슬란드어는 874년 아이슬란드 개척이 시작된 이래로 변한 것이 거의 없다. 아이슬란드어의 복잡한 문법은 노르웨이어보다는 고전 라틴어에 가깝다. 비슷한 기간 동안 고대 영어로 쓰인 최초의 서사시 《베오울프Beowulf》는 현대 영어를 말하는 사람들이 이해할 수 없는 것이 됐고, 스페인어와 포르투갈어는 완선히 다른 언어로 갈라졌다.

아이슬란드인은 옛 언어를 그대로 이어받은 덕분에 그 어떤 나라 사람보다도 자국의 역사가 담긴 문헌을 쉽게 읽을 수 있다. 《에다Eddas》는 13세기 아이슬란드 서사시 모음집으로 아이슬란드 문화의 이해를 돕는 데 중요한 역할을 한다. 아이슬란드어를 할 줄 아는 사람들은 마치 영어 사용자가 현대화된 철자로 적힌 각주의 도움을 얻어 셰익스피어의 작품을 읽는 것과 비슷한 정도로 이 서사시들을 읽을 수 있다. 《에다》가 셰익스피어의 작품보다 약 4세기 앞서 기록되었음을 잊지 말아야 한다. 아이슬란드 구어는 문어와 달리 큰 변화를 겪었다. 변화는 모음 발음에서 특히 두드러지게 나타난다. 21세기 레이캬비크 사람과 9세기 노르웨이인이 어느 정도 의사소통이 가능할지는 논란의 여지가 있지만 그럼에도 커피를 주문할 때와 중세 초기 문헌을 읽을 때 모두 도움이 되는, 이런 언어는 좀처럼 찾아볼 수 없다.

언어 변화에 반대하는 공식적인 견해가 아이슬란드어를 꽁꽁 얼려놓는 데에 한몫하는 것이 틀림없다. 세계에서 가장 엄격한 언어 관리 기관 중 하나인 아우르니 마그뉘손 아이슬란드 어학회Árni Magnússon Institute for Icelandic Studies는 정부의 적극적인 지지 아래 차용어 도입 지양과 순화된 아이슬란드어 사용을 권장한다. '시미Sími'는 옛 아이슬란드어로 '실thread'을 뜻하는데 '전화'를 가리킬 때도 사용된다. 이메일은 '숫자'와 (컴퓨터를 만든) '선지자'와 '메일'을 뜻하는 아이슬란드 토착어 어근을 조합해서 '뵐부포우스튀르tölvupóstur'라고 부른다. 그러나 프랑스 아카데미 프랑세즈Académie Française에서 '위크엔드weekend'와 '해시태그hashtag'에 맞서 프랑스어를 보호하려고 더 안간힘을 쓰지만 부질없는 것만 봐도 알 수 있듯이, 학술기관의 권위만으로는 아이슬란드어의 불변성을 충분히 설명할 수 없다. 언어의 변화는 그것을 사용하는 집단의 의지에 달려있다.

아이슬란드는 수백 년간 이어진 투쟁 끝에 1944년 덴마크로부터 비로소 정치 독립을 이루면서 공화국임을 선포했다. 기나긴 싸움이 이어지는 동안 언어는 아이슬란드의 성체성 수호에 가장 중요한 역할을 했다. '아이슬란드 민족' 사학자 조운 아딜스Jón Aðils는 1922년 발간한 《이슬랜즈크트 표데르니Íslenzkt þjóðerni》에 "아이슬란드인들의 자국어 사랑과 애국심은 이루 다 말할 수 없다. 그들은 약속된 자유의 순간이 찾아올 때까지 이 두 가지 모두를 지킬 수 있을 것이다."라고 기록했다. 이런 언어 보수주의는 아이슬란드인을 그들의 사촌 스칸디나비아인과 가장 뚜렷이 갈라놓는다. 아이슬란드인은 자국어를 변화로부터 보호하면서 그들만의 정체성을 더욱 단단하게 다지고 있다. ■

탈출
ESCAPE

도시를 벗어나 가슴 벅찬 풍경을 마주하다

사진 애코스 메이저 *Akos Major*

BIBLIOGRAPHY

① 샌터 바바라 *Santa Barbara*

Curletti, Rosario, *Pathways to pavements: The history and romance of Santa Barbara Spanish street names* (Santa Barbara: County National Bank & Trust Company of Santa Barbara, 1950)

Rae, Cheri, McKinney, John, *Walk Santa Barbara: City strolls and country rambles* (Santa Barbara: Olympus Press, 1990)

② 식용꽃과 곤충 *Edible flowers & insects*

Bekhechi, Mimi, "Eating quinoa may harm Bolivian farmers, but eating meat harms us all", < http://www.guardian.co.uk/commentisfree/2013/jan/22/quinoa-bolivian-farmers-meat-eaters-hunger>, consulted 17 April, 2013.

Belluco, Simone, "Edible Insects in a Food Safety and Nutritional
Perspective: A Critical Review", *Comprehensive Reviews in Food Science and Food Safety Volume 12* 2013: pp 296-313. Print.

Bragg, Melvyn, <http://www.guardian.co.uk/theguardian/2007/sep/12/greatinterviews>, consulted 19 April, 2013.

Brears, Peter C. D., *The Gentlewoman's Kitchen – Great Food in Yorkshire 1650-1750*

Brown, Kathy, *Edible flowers: From garden to plate* (Leicester: Aquamarine, 2011)

Davidson, Alan, *The Oxford companion to food* (Oxford: Oxford University Press, 2006)

Dicke, Marcel, Van Huis, Arnold, "The Six-Legged Meat of the Future", <http://online.wsj.com/article/SB10001424052748703293204576106072340020728.html>, consulted 17 April, 2013.

Digby, Kenelm, *The Closet of the Eminently Learned Sir Kenelme Digby Knight Opened* (London: 1669)

Durst, Patrick et al. ed., "Forest Insects as food: humans bite back", Food and Agriculture Organisation of the United Nations, 2010.

FDA, <http://www.fda.gov/Food/GuidanceRegulation/GuidanceDocumentsRegulatoryInformation/SanitationTransportation/ucm056174.htm>, consulted 17 April, 2013.

Food and Agriculture Organization of the United Nations, "The State of Food Insecurity in the World 2012", <http://www.fao.

org/publications/sofi/en>, consulted 17 April, 2013.

Food and Agriculture Organization of the United Nations, "Livestock's Long Shadow: environmental issues and options", <http://www.fao.org/docrep/010/a0701e/a0701e00.htm>, consulted 17 April, 2013.

Fowler, Alys, *The edible garden: How to have your garden and eat it* (London: BBC Books, 2010)

Gates, Stefan, "Can Eating Insects Save the World?", *BBC Four*, 22 March, 2013. Television.

Gullan, P. J., Cranston Peter, *The insects: An outline of entomology* (Oxford: Blackwell Publishing, 2000)

Harris, Marvin, *Good to eat; Riddles of food & culture* (London: Allen & Unwin, 1986)

Hibbard, G. R. (ed), William Shakespeare's *Hamlet* (Oxford: Oxford University Press, 2008)

Holt, Vincent M, *Why not eat insects?* (Yorkletts: Pryor Publishing, 1992)

Hopkins, Jerry, *Extreme Cuisine* (London: Bloomsbury, 2005)

McVicar, Jekka, *Cooking with flowers* (London: Kyle Cathie, 2003)

Morgan, David, "Chemical sorcery for sociality: Exocrine secretions of ants (Hymenoptera: Formicidae)", *Myrmecological News Volume 11* Aug 2008: pp 79-90. Print.

Onincx, Dennis, et al., "An Exploration on Greenhouse Gas and Ammonia Production by Insect Species Suitable for Animal or Human Consumption", *PLoS One 5(12)* Dec 2010: pp 1-7. Print.

Penn Arts & Sciences, <http://www.sas.upenn.edu/sasalum/newsltr/fall97/rozin.html>, consulted 17 April, 2013.

Premoli-Droulers, Francesca, *Writers' Houses* (New York: Vendome Press, 1995)

Roe, Urvashi, <http://www.lovefood.com/journal/features/15056/cooking-with-edible-flowers--a-history>, consulted 17 April, 2013.

The Royal Horticultural Society, < http://www.rhs.org.uk>, consulted 10 April, 2013.

Rozin, Paul, "Food is fundamental, fun, frightening, and far-reaching", *Social Research Volume 66* Summer 1999: pp 9-30. Print.

Rumpold, Birgit, and Schlüter, Oliver, "Nutritional composition and safety aspects of edible insects", *Molecular Nutrition Food Research Volume 57* May 2013: pp 802–823. Print.

BIBLIOGRAPHY *(cont.)*

Segnit, Niki, *The Flavour Thesauraus* (London: Bloomsbury, 2010)

Toussaint-Samat, Maguelonne, *History of Food* (Sussex: Wiley-Blackwell, 1992)

United Nations News Service, "Edible insects provide food for thought at UN-organized meeting", <http://www.un.org/apps/news/story.asp?newsid=25662&cr=insects#.UXEg1zlBSM5>, consulted 17 April, 2013.

Van Huis, Arnold, "Potential of Insects as Food and Feed in Assuring Food Security", *The Annual Review of Entomology Volume 58* 2013: pp 563-83. Print.

World List of Edible Insect Species, <http://www.wageningenur.nl/upload_mm/8/4/4/1621cf7e-2f55-4961-b3c9-5d321e4ba887_Worldlistofedibleinsectspecies42012.pdf>, consulted 17 April, 2013.

③ 코즈웨이 코스트 *Causeway Coast*

Causeway Coast and Glens, <www.causewaycoastandglens.com>, consulted 25 April, 2013.

④ 레이캬비크 *Reykjavík*

Alexander, Michael (ed), *Beowulf: A Glossed Tex*t (London: Penguin Books, 1995)

Brown, Nancy Marie, *A Good Horse Has No Colour, Searching Iceland for the Perfect Horse* (New York: Stackpole Books, 2001)

Cachola, Peter (ed), *Iceland and Architecture?* (Frankfurt: Deutsches Architekturmuseum, 2011)

Campbell, George L, *Compendium of the World's Language, Vol. 1 Abaza to Lusatian* (London: Routledge, 1991)

Falk, Oren, *The Vanishing Volcanoes: Fragments of Fourteenth-century Icelandic Folklore* (London: Folklore Enterprises, 2007)

Fernández-Armesto, Felipe (ed), *The Times Guide to the Peoples of Europe* (London: Times Book, 1994)

Glendening, PJT, *Teach Yourself Icelandic* (London: Hodder & Stoughton, 1961)

Hansen, Truls Lynne, "The Northern Lights – where, when and what", <http://geo.phys.uit.no/articl/nord_eng.html>, consulted 22 April, 2013.

Helgason, Jón Karl, "The Mystery of Vínarterta: In Search of an Icelandic Ethnic Identity", < http://scancan.net/article.htm?id=helgason_1_17>, consulted 22 April, 2013.

Hjálmarsson, Jón, *History of Iceland* (Rekjavik: Edda Publishing Ltd, 1993)

The Icelandic Horse Society of Great Britain, <www.ihsgb.co.uk>, consulted 18 April, 2013.

Jokinen, Anniina, "Aurora Borealis, the Northern Lights, in Mythology and Folklore", < http://www.luminarium.org/mythology/revontulet.htm>, consulted 22 April, 2013.

Markússon, Grétar, Stefánsson, Hjörleifur, Stefánsson, Stefán Örn, Stefánsson, Hjörleifur (eds), *Bárujárn: Verkmenning og Saga* (Reykjavík: Minjavernd, 1995)

Másson, Nikulás Úlfar (ed), *Pemahefti um húsvernd: aðalskipulag Reykjavíkur 1996-2016* (Reykjavík: Borgarskipulag Reykjavíkur, 1997)

Northern Lights Centre, <http://www.northernlightscentre.ca/northernlights.html>, consulted 22 April, 2013.

O'Harra, Doug, "Confirmed: Aurora borealis makes sounds", <http://www.alaskadispatch.com/article/confirmed-aurora-borealis-makes-sounds>, consulted 22 April, 2013.

Sikora, Meave, "Diversity in Viking Age Horse Burial: A Comparative Study of Norway, Iceland, Scotland and Ireland", <http://www.jstor.org/discover/10.2307/20650833?uid=2134&uid=2&uid=70&uid=4&sid=21102258096901>, consulted 18 April, 2013.

Stevenson, Victor (ed), *Words: An illustrated history of western language*s (London: Macdonald & Co, 1983)

Visit Norway, <http://www.visitnorway.com/en/What-to-do/Attractions-Culture/Nature-attractions-in-Norway/Let-there-be-northern-lights/What-are-the-northern-lights/>, consulted 22 April, 2013.

Contributors

AKOS MAJOR | PHOTOGRAPHER | *Vienna, Austria*

ALICE GAO | PHOTOGRAPHER | *New York, USA*

ANAIS WADE | PHOTOGRAPHER | *Los Angeles, USA*

CHARLIE LEE-POTTER | WRITER | *Oxford, UK*

CHARLES STAPLETON | VIDEOGRAPHER | *Bristol, UK*

DAX HENRY | PHOTOGRAPHER | *Los Angeles, USA*

ELIZABETH SCHWYZER | WRITER | *Santa Barbara, USA*

JAMES STAPLETON | VIDEOGRAPHER | *Bristol, UK*

JOHANNE WOOD | FLORIST AND STYLIST | *Bath, UK*

JONATHAN GREGSON | PHOTOGRAPHER | *London, UK*

JOSH EVANS | WRITER AND RESEARCHER | *Copenhagen, Denmark*

KATY SALTER | WRITER | *London, UK*

KRIS SETO | WRITER | *New York, USA*

LINDA THOMPSON | WRITER | *London, UK*

LINE KLEIN | PHOTOGRAPHER | *Copenhagen, Denmark*

LORNA PICTON | ILLUSTRATOR | *Bristol, UK*

MARTIN KAUFMANN | PHOTOGRAPHER | *Copenhagen, Denmark*

MOWIE KAY | PHOTOGRAPHER | *London, UK*

NICK BAINES | WRITER | *Bournemouth, UK*

PAUL SULLIVAN | WRITER | *Berlin, Germany*

RICK POON | PHOTOGRAPHER | *Los Angeles, USA*

ROBBIE LAWRENCE | WRITER | *Edinburgh, UK*

ROSIE SHARRATT | WRITER | *Bath, UK*

STEPHEN LENTHALL | PHOTOGRAPHER | *London, UK*

VALGERÐUR ÞÓRODDSDÓTTIR | WRITER | *Reykjavík, Iceland*

* Special thanks to Ethel, Nathan and Viki from Inspired by Iceland; Derek from First Leaf; Liz Belton; Johanne Wood from Passion Flowers and Kenny Ward.

SAY HELLO
hello@readcereal.com

Cereal Magazine
Bristol & Exeter House
The Penthouse
Lower Station Approach
Temple Meads
Bristol BS1 6QS
United Kingdom

FIND US ONLINE
www.readcereal.com

 /cerealmag
/cerealkorea 한국어판 소식

 @cerealmag

 @cerealmag

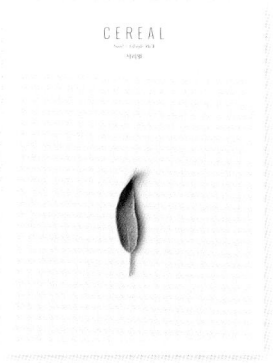

COVER IMAGE BY ALICE GAO

EDITOR
ROSA PARK

CREATIVE DIRECTOR
RICH STAPLETON

CONTRIBUTING & SUB EDITOR
RICHARD ASLAN

ADVERTISING MANAGER
ABBY WITHERICK

ILLUSTRATOR
JON RICH

SALES MANAGER
ROSE MCGRANDLE

시리얼 VOL. 3

2015년 2월 24일 초판 1쇄 인쇄
2015년 3월 5일 초판 1쇄 발행

지은이 Cereal 편집부   발행인 이원주
발행처 ㈜시공사   출판등록 1989년 5월 10일(제3-248호)   주소 서울 서초구 사임당로 82(우편번호 137-879)
전화 편집 (02)2046-2853 · 마케팅 (02)2046-2894   팩스 (02)585-1755   홈페이지 www.sigongsa.com
ISBN 978-89-527-7293-0 14590   ISBN 978-89-527-7227-5 14590 (set)

본서의 내용을 무단 복제하는 것은 저작권법에 의해 금지되어 있습니다.
파본이나 잘못된 책은 구입하신 서점에서 교환하여 드립니다.

CEREAL

www.readcereal.com